STRAEON HYNOD YN EIN HANES

Cyhoeddiadau i ddod yn y gyfres
Llyfrau Hanes Byw

RJB – Hanes Bywyd Rhyfeddol Richard Jones Berwyn yng Nghymru a'r Wladfa – Graham Wynne Edwards.

Straeon Hynod yn ein Hanes

Melfyn Hopkins

Llyfrau Hanes Byw 2

Argraffiad cyntaf: ⓗ Gwasg Carreg Gwalch 2025
ⓗ testun: Melfyn Hopkins 2025
ⓗ darluniau: Mei Mac 2025

ISBN clawr meddal: 978-1-84527-814-4
ISBN elyfr: 978-1-84524-627-3

CYNGOR LLYFRAU CYMRU

Cyhoeddwyd gyda chymorth Cyngor Llyfrau Cymru.

Cynllun clawr: Eleri Owen
Lluniau'r clawr a'r tu mewn: Mei Mac

Cyhoeddwyd gan Wasg Carreg Gwalch
www.carreg-gwalch.cymru

Argraffwyd a chyhoeddwyd yng Nghymru

Er cof am fy nhad
Gwyn Hopkins

Mawr yw fy niolch i Wasg Carreg Gwalch am gefnogi'r llyfr ac am y gwaith campus ar y gyfrol. Diolch yn arbennig i Delyth Medi Jones am ei gwaith arbennig yn golygu'r gyfrol, ac i Mei Mac am ei luniau ardderchog. Hoffwn hefyd ddiolch i staff Llyfrgell y Dyniaethau, Prifysgol Caerdydd am eu cymorth i ddod o hyd i erthyglau a chyfrolau perthnasol. Diolch hefyd i Lyfrgell Genedlaethol Cymru am wneud cymaint o gyfrolau a dogfennau hanesyddol yn hawdd eu cyrraedd ar-lein. Diolch i Barrie Jones, *Y Cymro*, am ei gefnogaeth. Yn olaf, diolch i fy nheulu, Cathy a'r plant Owen, Daniel ac Alys am eu hamynedd wrth i mi ymchwilio ac ysgrifennu.

Gair o Gyflwyniad

Rwy'n llawn sylweddoli bod rhai yng Nghymru yn gwerthfawrogi ein hanes hynod ddiddorol, ond hoffwn weld mwy o bobl yn gwneud hynny. Er bod rhai straeon hanesyddol megis marwolaeth Llywelyn ap Gruffudd neu wrthryfel Owain Glyndŵr yn gyfarwydd iawn i'r rhan fwyaf, mae yna gyfeiriadau eraill llai amlwg yn ein hanes sy'n ymddangos efallai fel troednodyn neu sylw bach. Bwriad y llyfr yw taro goleuni ar rai o'r straeon anghyfarwydd hyn, a'r gobaith yw cyflwyno darllenwyr i rai hanesion newydd yn stori ein gwlad.

Mae'r llyfr wedi'i drefnu'n gronolegol gan ddechrau gyda hanes y Pla Melyn a'i effaith ar Gymru tua'r flwyddyn 526, a gorffen gyda hanes mwy diweddar am ysbryd yn Llanbedr Pont Steffan ym 1905.

Rhwng y ddwy ran ceir hanesion am dywysogion, megis mab Gwilym Goncwerwr yn dysgu Cymraeg a barddoni; y gwir am rai o'r môr-ladron enwog rydyn ni'n eu nabod; ac effaith Jack the Ripper ar gymdeithas yma yng Nghymru.

Rhoddir sylw i hanesion cymdeithasol yma, gyda thystiolaeth o barhad yr iaith yng Ngororau Lloegr ymhell i'r 19eg ganrif.

Ceir hanesion hefyd am ddirgelion a'r goruwchnaturiol. Hanesion am oleuadau rhyfedd a welwyd yng Nghymru: y Gannwyll Gorff, goleuadau rhyfedd yn ystod Diwygiad Mawr 1905 ac awyrlongau anesboniadwy a welwyd ym mlynyddoedd cynnar y ganrif ddiwethaf.

Gan ddefnyddio ffynonellau o'r cyfnod, megis croniclau, adroddiadau, erthyglau a chofnodion, amlygir hanesion llai adnabyddus ein gwlad, a'r gobaith yw y bydd y darllenydd yn dysgu mwy am hanesion llai cyfarwydd ac yn gwerthfawrogi cyfoeth ein hetifeddiaeth yn fwy.

Melfyn Hopkins.

Cynnwys

Y Vad Velen

Er mai prin iawn yw'r sylw sydd wedi ei dynnu at y pla yma roedd ganddo oblygiadau sylweddol i Gymru yn wleidyddol, economaidd a llenyddol, gan arwain at i nifer o Gymry allfudo i ddianc rhagddo.

Disgrifia buchedd Sant Teilo'r pla yn lledu dros y tir fel 'colofn o gwmwl dyfrllyd'. Cyfeiria ato fel 'y pla melyn', gan ychwanegu, 'oherwydd mae'n gwneud pawb y mae'n ymosod arnynt yn felyn a heb waed.' Roedd y symptomau yn debyg i rai'r pla bubonig, gyda dioddefwyr yn gweld rhithiau a dioddef o ddolur rhydd. Bu holl ardal Ceredigion o dan y *Vad Velen* – sef y Pla Melyn mor fuan â 526, ond ni chymerwyd llawer o sylw ohono tan 537 pan ddaeth epidemig arall. Er bod nifer wedi clywed am y Pla Du yn y 14eg a'r 17eg ganrif, nid oes llawer o sylw wedi ei roi i'r pla erchyll hwn a effeithiodd ar Gymru ac Ewrop yn ddirfawr gan ladd tua hanner poblogaeth Ewrop.

Enw arall ar y pla yma ydy 'Y Pla Justinaidd', a nodwyd am y tro cyntaf yn yr Aifft yn 541. Fe'i henwyd oherwydd iddo gyrraedd ochr ddwyreiniol yr Ymerodraeth Rufeinig yn ystod teyrnasiad Justinian, a ddaliodd y clefyd, ond a wellodd. Amcangyfrifir i'r pla hwn ladd rhwng 30 a 50 miliwn o bobl, tua 40% o boblogaeth y byd ar y pryd, wrth iddo ymestyn ei ddylanwad angheuol ar draws Asia, Gogledd Affrica ac yna Ewrop, er bod peth amheuaeth gan haneswyr heddiw megis Lee Mordecai, sy'n credu bod y ffigurau yn llawer llai. Efallai mai dyma sut y llwyddodd yr Eingl-Sacsoniaid i ehangu eu tiriogaeth a thynnu tiroedd oddi ar y Brythoniaid yn ôl rhai haneswyr o'r 6ed ganrif.

Lledaenwyd y pla i fodau dynol gan chwain oedd yn cario'r bacteria oddi ar gyrff cnofilod, a lledaenodd yn gyflym ar hyd y rhwydweithiau masnach soffistigedig. Efallai i'r pla gyrraedd Cymru drwy'r porthladdoedd yn Negannwy – tiriogaeth Maelgwn Gwynedd, oedd yn frenin ar y rhan fwyaf o ogledd Cymru ar y pryd. I osgoi effeithiau'r pla, ffodd ef i noddfa Eglwys Llanrhos. Nid oedd yn hapus yn byw bywyd eglwysig yn hir iawn. Yn ôl un chwedl ildiodd i'r awch o edrych ar ei deyrnas eto drwy dwll y clo yn nrws yr eglwys, a bu hyn yn ddigon iddo ddod i gysylltiad â'r haint trwy'r aer. Dyma darddiad y ddihareb: 'Hir hun Faelgwn yn eglwys Ros'. Pan fo rhywun yn cysgu y tu hwnt i reswm mae wedi marw.

Yn ôl chwedl arall, proffwydodd y bardd Taliesin y byddai anghenfil erchyll yn dod i gosbi Maelgwn am ei ddrygioni ac y byddai pobl yn siarad am ei farwolaeth am amser hir. Dyma'r broffwydoliaeth gan Taliesin:

Ac y ddyweda i'ch brenin bethe i gyffrin,–
Fe ddaw pryf rhyfedd 'iar Forfa Rhianedd,
I ddial anwiredd ar Faelgwn Gwynedd,
A'i flew a'i ddannedd a'i lygaid yn eurwedd,
A hwnnw a wna ddial ar Faelgwn Gwynedd.

Yn ôl y broffwydoliaeth, y Pla Melyn oedd yr anghenfil euraidd, a chladdwyd Maelgwn ar Ynys Seiriol.

Daeth y pla hefyd i ardal Porthmadog neu Borth y Gest. Gallai'r mynediad drwy Borthmadog esbonio'r lleihad nodedig a fu yn nhrigolion Dinas Emrys yn y 6ed ganrif, gan nad ydyw'r lle ond tua deng milltir i ffwrdd. Bu diboblogi aneddiadau mawr yn ardaloedd gorllewinol y wlad hefyd, yn ôl yr archeolegydd David Keys, a cheir tystiolaeth amlwg o hyn yng Nghaerwrygion, canolfan brenhinoedd Powys. Cyn y pla, ymestynnai'r dref dros 195 erw gan gynnwys dwy filltir o balis pren ar ben gwrthglawdd. Ychydig o ddegawdau wedyn lleihawyd y ddinas i ardal o 25 erw. Byddai colli cyfran fel hyn o'r boblogaeth wedi newid trefn bywyd yn llwyr.

Cwblhawyd y broses o ehangu tua 656 pan laddwyd y brenin Cynddylan ger Caerwrygion. Yn y farwnad enwog mae'r bardd yn wylo am y rhai a gollwyd:

I drais a gollais, gwŷr achasaf,
Rhiau, a Rhirid, a Rhiadaf,
a Rhygyfarch lary, iôr pob eithaf.

Gyda'r newidiadau yma, effeithiwyd yn fawr ar allu Brythoniaid gorllewin Prydain i wrthsefyll ymosodiadau gan yr Eingl-Sacsoniaid, ac efallai i hyn arwain at gwymp daear-wleidyddol. Credir i'r pla gyrraedd ochr ddwyreiniol y wlad – sef yr ardal Eingl-Sacsonaidd – yn hwyrach na'r gorllewin, yn gynnar yn y 7fed ganrif. Nid oedd llawer o gariad rhwng y Brythoniaid a'r Saeson, a doedd dim llawer o fasnachu rhyngddynt. Prin iawn yw'r eitemau o ardaloedd Eingl-Sacsonaidd oedd yn bodoli yng ngorllewin Prydain cyn 570, ac ni cheir dim eitemau o ardaloedd gorllewinol Prydain yn nwyrain Lloegr yn y cyfnod, er bod digon o dystiolaeth bod ardaloedd gorllewinol Prydain yn masnachu'n sylweddol gydag ardaloedd eraill Ewrop.

Mae rhai haneswyr yn ystyried y posibilrwydd bod sôn am y pla mewn darnau eraill o lenyddiaeth. Un enghraifft ddadleuol, efallai, yw'r cyfeiriadau at diroedd diffaith yn y Mabinogi, lle bu diboblogi yng nghyfnod Arthur, gan fod y dyddiadau a awgrymir i'w fywyd yn cyd-fynd â dyddiadau'r pla. Ceir cyfeiriad hefyd yn 'Trioedd Ynys Prydein' at y pla fel un o dri haint ofnadwy Ynys Prydain, lle y'i galwyd yn 'Pla Rhos', oedd yn cychwyn o ysgerbydau'r meirw.

Efallai i rai Cymry lwyddo i ffoi rhag erchyllterau'r pla drwy ddarganfod lloches yn Llydaw, ond ni fu eraill mor ffodus, a chollwyd llawer o fywydau.

Darllen Pellach

Daniel, I. (gol.) *Llythyr Gildas a Dinistr Prydain* (Bangor: Dalen Newydd, 2019)

Keys, D. *Catastrophe: An Investigation into the Modern World* (Cornerstone, 1999)

Y Brenin o Gristion Barbaraidd ei Galon

Arweiniodd Cadwallon, brenin Gwynedd, fyddin o Wynedd i Northumberland ynghanol gogledd Lloegr yn y 7fed ganrif. Am flwyddyn, rhwng 633 a 634, rheolodd ogledd Lloegr, ac efallai gyda mwy o ragwelediad fe allai fod wedi ailgoncro gweddill Lloegr i'r Brythoniaid.

Cadwallon a ffurfiodd yr enghraifft gyntaf o gynghrair Eingl-Gymreig, a fo oedd yr unig frenin o Gymru i ddifetha llinach Sacsonaidd. Enwir Cadwallon fel dim ond un o ddau frenin Brythonig gan y mynach yr Hybarch Beda yn ei hanes. Ysgrifennodd yr hanesydd dylanwadol Syr Frank Stenton, 'ni ddarganfu'r bobloedd Brythonig erioed arweinydd tebyg.' Mewn cerdd iddo, 'Marwnad Cadwallon', ceir y cyfeiriad cyntaf at y gair 'Cymru'. Ond pam fod y Cymry yma yn y lle cyntaf? Mae rhai haneswyr yn dadlau bod y frwydr lle collodd Cadwallon ei fywyd yn 634 cyn bwysiced â brwydr Hastings yn ein hanes.

Magwyd Cadwallon yn Aberffraw, a disgrifir ef gan Beda yn ddiflewyn-ar-dafod fel 'arweinydd ffiaidd a barbaraidd o ran calon a thueddiad'.

Cawn fwy o wybodaeth amdano gan Sieffre o Fynwy sy'n ei ddisgrifio fel brawd maeth i Edwin. Fe welodd Cadwallon ehangu ar frenhiniaeth Northumbria yn gynnar iawn yn ei fywyd. Rhwng 592 a 604 roedd y brenin Aethelfrith yn teyrnasu dros Fryneich (Bernicia yn y Sacsoneg), sef rhanbarth gogledd-ddwyrain Lloegr. Yn 604 llwyddodd Aethelfrith i gipio brenhiniaeth Deifr (Deira yn y Sacsoneg), sef rhanbarth ddeheuol Northumbria, a lladd y brenin Aethelric. Oherwydd hyn, terfynai tiriogaeth Aethelfrith â thiroedd Powys a Gwynedd. Fe'i hehangwyd ymhellach wrth i fyddin Northumbria ymosod ar Gaer yn 613, ac ennill y frwydr yn erbyn y Cymry. Gerllaw, ym Mangor Is-coed, bu cyflafan erchyll pan laddwyd dros fil o fynachod yn ôl Beda, neu dros 200 yn ôl y cronicl Eingl-Sacsonaidd.

Bu goblygiadau mawr i frwydr Caer. Roedd y Sacsoniaid ar ffin tiriogaethau'r Celtiaid, a gwahanwyd tiroedd y Cymry oddi wrth Frythoniaid Ystrad Clud yng ngogledd-orllewin Prydain. Bu farw Aethelfrith yn 616, a daeth Edwin, brawd maeth Cadwallon, i'w ddilyn fel brenin Northumbria. Roedd gan Cadwallon enw da yn *Llyfr Coch Hergest* Xv, yn dyddio i'r 9fed ganrif, lle mae cyfeiriad ato:

Katwallawn kynnoedyuot. ae goruc andigo-
not pedeir prif gat ardec am brifdec brydein.
a thrugein kyuaruot,

(Cadwallon, cyn dyfod, ymladdodd, i'w foddhad digonol,
Bedair ar ddeg o frwydrau mawr, am Brydain decaf,
A chwe deg ysgarmes).

Roedd tensiwn hefyd rhwng y ddau frawd maeth yn gynnar. Yn 629 mae'r *Annales Cambriae* yn nodi bod Cadwallon o dan warchae yn *Glannauc* (Ynys Lannog) gan luoedd Edwin. Ymosododd Edwin ar Ynysoedd Môn a Manaw, ac yn y 'Triawdau' yn *Llyfr Gwyn Rhydderch* cyfeirir ato fel un o dri gormeswr Môn. Bu'n rhaid i Gadwallon ffoi, efallai i Iwerddon tua 631. Ysgrifennodd Sieffre o Fynwy ganrifoedd wedyn bod Cadwallon wedi mynd at Salomon brenin y Brythoniaid yn Armorica yn Llydaw am gymorth. Ar y daith bu storm enfawr a bu'n rhaid i Gadwallon lanio ar ynys Garnareia. Cyfeiria Sieffre at Gadwallon yn cyrraedd glannau Prydain gyda 10,000 o ddynion, ac ildiodd Penda, brenin paganaidd Mercia iddo, a dyma sut y lluniwyd cynghrair rhwng y ddau yn erbyn y Sacsoniaid. Roeddynt yn bygwth tiriogaeth Gwynedd, ac roedd Edwin wedi dangos ei fod yn berygl i dir Cadwallon. Efallai mai dyma pam y penderfynodd Cadwallon ffurfio cynghrair gyda Penda, yn erbyn ei gyd-Gristion, Edwin.

Gorchfygwyd Edwin gan Cadwallon ym mrwydr Haethfelth, Hatfield Chase, neu i'r Cymry *Guieth Meicen* ar 12 Hydref 633. Mae'r gerdd 'Moliant Cadwallon' yn enwi Cadwallon fel lladdwr Edwin. Torrwyd pen Edwin a'i gymryd i gapel Gregory yn eglwys San Pedr yn Efrog. Mae'r maes traddodiadol ger Doncaster yn y man lle mae'r hen ffordd Rufeinig yn croesi afon Torne sydd yn awr o dan yr M180. Gan William Camden yn yr 17eg ganrif y ceir y cyfeiriad cyntaf at hyn yn ysgrifenedig. Mae eraill yn cynnig mai High Hadfield, ger Cuckney yn swydd Nottingham oedd y lleoliad, oherwydd tystiolaeth geirdarddiadol yr ardal; sef bodolaeth Edwinstone, St Edwin's Cross a darganfyddiad o fedd torfol o dan yr eglwys gerllaw. Mae eraill yn ddiweddar wedi rhoi pwyslais ar yr elfen Gymreig, sef Meigen, ac yn awgrymu lleoliad i'r frwydr ger Bryn Breiddin yn y Trallwng. Efallai mai dryswch oedd hyn oherwydd cyfeiriad at un o fuddugoliaethau Cadwallon yn *Llyfr Coch Hergest*:

Lluest gatwaffa 6n glotryd. ygg6arthaf digoff
uynyd; seithmis aseithgat beunyd,
lluest gatwaffa 6n arhafren. acortu dra 6 y dygen,
a breieit yn ffosgi meigen,

(Cadwallon yr enwog wersyllodd ar Fynydd Digoll,
Am saith mis a saith brwydr beunydd,
Gwersyllodd Cadwallon ar yr Hafren ac ym mhellach Ddygen
A'r difethwyr oedd yn llosgi Meigen)

Bu farw Osfrith, mab Edwin, hefyd a charcharwyd ei fab arall Eadfrith cyn iddo yntau gael ei ladd. Yn y frwydr hon bu farw Godbold, brenin Ynysoedd Erch, gan ddangos bod cefnogaeth i Edwin ymysg ynysoedd y gogledd. Roedd Northumbria yn wan, a rhannwyd y wlad yn ddwy ran: Bryneich (Bryneich yn yr hen Gymraeg) a Deifr (Deifr yn yr hen Gymraeg). Treuliodd Cadwallon y flwyddyn 633 i 634 yn anrheithio'r tir, ac roedd dyfodol Northumbria Sacsonaidd yn y fantol.

Er bod sefyllfa Cadwallon yn edrych yn gryf ar un olwg, roedd ei afael ar y diriogaeth yn fregus. Efallai nad oedd ganddo'r adnoddau i gipio'r diriogaeth yn gyfan gwbl. Beirniadodd yr Hybarch Beda, Cadwallon yn hallt. Ysgrifennodd, 'ond gyda chreulondeb ffyrnig poenydiodd hwy i farwolaeth, gan ysbeilio'r holl wlad am amser hir, gyda'r bwriad o wared holl hil y Saeson o ffiniau Prydain.' Cofnododd Beda fwy o erchyllterau eraill Cadwallon i gadarnhau ei farn nad oedd y brenin yn Gristion go iawn. Yn ei reolaeth o Northumbria, 'teyrnasodd dros daleithiau Northumbria, nid fel brenin buddugol, ond fel gormeswr rheibus a gwaedlyd.'

Awgryma'r hanesydd Max Adams fod prif ganolfan Cadwallon wedi ei lleoli ger Aldborough dros y gaeaf. Dyma hen dref llwyth y Brigantiaid a ddaeth o dan ddylanwad y Rhufeiniaid. Roedd hi'n hen dref Rufeinig, *Isurium Brigantum*, ac yn rheoli'r hen ffordd ogleddol, ac yn hawdd i'w hamddiffyn. Bu farw Osric, mab Edwin, pan osododd warchae ar Cadwallon o amgylch lleoliad a enwir yn *oppido municipio*, sef tref gaerog, sydd yn ddisgrifiad addas i dref Aldborough.

Er bod y dystiolaeth yn brin rydym yn cael rhyw amcan o strategaeth Cadwallon. Fe ddaeth y cenhadwr Paulinus i Northumbria, a thrwy ei bregethu a'i weinidogaeth fe ddaeth Edwin yn Gristion. Cyfeiria Beda at fedydd Edwin yn Efrog. Adeiladodd Paulinus eglwys yn Cambodunum, ond yn ôl Beda, 'llosgwyd hi yn ulw, ynghyd â'r holl adeiladau, gan y pagan a laddodd y brenin Edwin. Yn ei lle adeiladodd brenhinoedd diweddarach annedd iddynt eu hunain yn ardal *Loidis*.' Mae'n bwysig nodi bod Cadwallon a'i fyddin wedi dinistrio'r eglwys, sydd yn awgrymu'r casineb mawr tuag at wŷr Northumbria, neu efallai nad oedd ffydd Gristnogol

Cadwallon yn ddigon cryf gan iddo allu rhoi gorchymyn i'w ddynion i ddinistrio'r eglwys. Mae cloddiadau yn Yeavering yn dangos tystiolaeth o ddinistriad *vill* Edwin yn y 7fed ganrif; efallai gan fyddin Cadwallon, yn 632. Deillia'r enw Yeavering o'r gair *Ad Gefrin*, sef yr enw Brythoneg am fryn geifr.

Barn nifer o haneswyr yw mai yn ardal Leeds yr oedd Cambodunum, ac os felly mae'n awgrymu rhyw fath o strategaeth gan Cadwallon yn hytrach na theithio drwy'r wlad yn dinistrio'n ddiamcan. Mae'n debyg y byddai ymosod ar ystadau brenhinol yn cyflawni dau beth: yn gyntaf, lleihau grym ac awdurdod y brenin, ac yn ail, dyma'r man lle casglwyd rhoddion bwyd y rhanbarth, ac o ganlyniad byddai cyflenwad parod o fwyd i'r fyddin. Er nad oes tystiolaeth wedi goroesi i wybod beth oedd teimladau byddin Cadwallon, yr oeddynt yn gyfarwydd ag aros am dros flwyddyn mewn gwlad ddieithr. Gallwn fentro meddwl fod gallu Cadwallon i gadw ei fyddin i ffwrdd o Wynedd am gyfnod mor hir yn brawf o'i lwyddiant ysgytwol fel arweinydd. Gallwn ddychmygu'r dathliadau a'r gwledda fin nos yng ngolau'r canhwyllau crynedig yn neuadd fawr Aldborough oherwydd llwyddiannau'r fyddin o Wynedd.

Pan aeth Eanfrith, brenin Bryneich gyda deuddeg o filwyr i bledio ar Gadwallon am heddwch, ymosodwyd arnynt a'u lladd gan filwyr brenin Gwynedd. Mae rhai haneswyr yn gweld hyn yn ffaith bwysig ac yn dangos gwendid sefyllfa Eanfrith. Mae cyfeiriad hwyrach yng nghroniclau'r Alban nad oedd Dyfnwal Frych (neu Domnall Brecc), Brenin Argyll am i'r Pictiaid ymladd yn erbyn brenin Brythonig arall. Mae'n syndod nad oedd Eanfrith wedi ymladd, gan fod Cadwallon a'i fyddin o Wynedd ar dir anghyfarwydd am fisoedd. Byddai'r gallu gan Eanfrith i godi byddin o Fryneich; serch hyn aeth at Gadwallon i drafod cytundeb heddwch. Cefnoga hyn y farn na allai Eanfrith ddibynnu ar deyrngarwch y Pictiaid yn erbyn y Cymry.

Rhaid cofio hefyd mai bwriad Beda oedd portreadu Cadwallon fel cythraul, gan ei fod wedi rhwystro cyflwyno Cristnogaeth i'r Hen Ogledd drwy ymladd yn erbyn Cristionogion eraill, a'i fod wedi uno gyda'r pagan, Penda. Dywed Beda amdano: 'er bod yn Gristion yn ôl ei enw a'i broffesiwn, serch hynny yn ei galon, roedd yn farbaraidd, ac nid arbedodd fenywod na phlant diniwed.'

Ond beth oedd yn egluro barn hallt Beda am Cadwallon? Rhaid cofio mai teitl llyfr Beda oedd *Hanes Eglwysig Pobl Lloegr*. Mae'n gweld pobl yn cael eu cosbi am fynd yn erbyn trefn Duw. Beirniadodd y brenhinoedd a ddilynodd Edwin yn hallt. Bu i Osric, brenin Deifr, ac Eanfrith, brenin Bryneich, wrthgilio oddi wrth Gristnogaeth, ac yn ôl Beda, 'dychwelsant i fudreddi eu heilunaddoliaeth gynt, a thrwy hynny gael eu llygru a'u dinistrio.' Yn yr unig frawddeg gadarnhaol am Gadwallon pan laddodd y ddau, ysgrifennodd Beda, 'gan ddial yn gyfiawn arnynt.'

Dychwelodd Oswald, mab Æthelfrith, cyn frenin Bryneich o alltudiaeth yn nheyrnas Dál Riada (teyrnas a ymestynnai o ogledd-ddwyrain Iwerddon ar draws Sianel y Gogledd i Argyll). Hawliodd goron Northumbria, a llwyddodd i ddenu cefnogaeth llawer o uchelwyr yno. Blaenoriaeth Oswald oedd delio â bygythiad Cadwallon a'i fyddin, a chododd fyddin yn gyflym, wedi'i hatgyfnerthu gan yr Albanwyr. Mae stori ddiddorol yn y *Chronica gentis Scotorum* (Cronicl y Bobl Albanaidd) gan John o Fordun, yn dweud pan aeth Oswald i lys brenin Dál Riada – sef Domnall Brecc – i ofyn am gymorth, roedd y brenin yn ddigon hapus i gynnig hyn yn erbyn Penda neu unrhyw Sacson, ond gwrthododd ganiatáu i'w ddynion ymladd yn erbyn Cadwallon na'r Brythoniaid. Cofnododd John o Fordun fod Oswald wedi mynd i Domnall, 'ac ymbil arno i roddi iddynt eu rhyddid, ac ymostwng yn rasol i warantu rhyw gymorth iddynt er mwyn ennill teyrnas eu tad yn ôl. Y brenin, gan hynny, a roddes lawn hawl iddynt fyned ymaith neu ddyfod yn ôl, ac addawodd hyd yn oed gymorth iddynt yn erbyn Penda neu unrhyw un o'r Sacsoniaid; ond efe a'i gwrthododd yn gyfan gwbl yn erbyn Cadwallon a'r Brythoniaid, y rhai a fu yn hir yn rhwym i'r Albanwyr trwy gyfeillgarwch cynghrair ffyddlon.' Serch hyn, aeth nifer o ryfelwyr gydag Oswald i ymladd yn erbyn Cadwallon, a byddai hyn wedi ei weld yn torri cynghrair hir-sefydlog. Mae rhai haneswyr yn dadlau fod y ddogfen wedi ymddangos ganrifoedd ar ôl y digwyddiadau ac felly'n annibynadwy, er fod rhai haneswyr fel John Marsden yn credu efallai fod gan John o

Fordun fynediad i ffynonellau nad oedd ar gael i Beda.

Mae'n debyg mai'r ffordd orau i'r Cymry deithio i gwrdd â lluoedd Oswald oedd ar hyd ffordd Rufeinig Dere Street a chwrdd ger Mur Hadrian ger Hexham.

Y noson cyn y frwydr, honnodd Oswald iddo gael gweledigaeth gan Sant Columba yn yr awyr. Yn y weledigaeth addawodd Columba i Oswald y byddai'n fuddugol. Yn ôl fersiwn Beda, cododd Oswald groes a gweddïo gyda'i filwyr cyn i'r frwydr gychwyn. Mae Adomnán yn ysgrifennu yn y 690au, gan ddisgrifio Cadwallon fel brenin cryfaf y Brythoniaid, ac yn egluro buddugoliaeth Oswald yn erbyn Cadwallon oherwydd ymyrraeth wyrthiol Sant Columba o Iona.

Ychydig iawn o fanylion a wyddom am y frwydr, heblaw am i rengoedd y Cymry dorri ac encilio. Trodd yr encilio yn ras am eu bywydau, gyda'r Northumbriaid yn erlid eu gelynion tuag at y de, gan eu torri i lawr wrth iddynt redeg. Byddai'r ymladd olaf yn fyr ac yn ffyrnig. Daliwyd

Cadwallon a'i ladd ger Denisesburn. Yn ôl arferion y cyfnod, dadwisgwyd cyrff Cadwallon a'i gyd-Gymry yn ddiseremoni o'u harfau a'u byclau aur, a rhwygwyd modrwyon oddi ar eu cyrff marw.

Am ganrifoedd anghofiwyd am leoliad y frwydr. Fe ddaeth i'r golwg gyda darganfyddiad William Greenwell o siarter a gyhoeddwyd ar ran Archesgob Efrog ym 1233 yn cyfeirio at Denisesburn fel lle o'r enw Rowley Burn, ac mae'r cyfeiriad wedi'i dderbyn ers hynny.

Sacsoniaid oedd byddin Oswald gan fwyaf, ond roedd nifer o'i ryfelwyr o deyrnas Aeleg Dál Riada, a mintai fach o fynachod o Ynys Sanctaidd Iona hefyd yn ei gefnogi. Ceir beirniadaeth o ymglymiad mynachod Iona wrth Oswald yn y gerdd 'Cadwallawn' yn *Llyfr Coch Hergest*: (wedi'i addasu):

O gynllwynio dieithriaid ac anwiredd
Mynachod, wrth i'r dŵr lifo o'r ffynnon,
Trist a thrwm fydd diwrnod Cadwallawn.

Efallai i'r ffaith fod byddin Cadwallon wedi ysbeilio'r eglwys fod yn ormod i fynachod Iona, ac mai dyma pam y bu cefnogaeth ganddynt i Oswald.

Mae'r hanesydd Edoardo Albert yn pwysleisio pa mor bwysig oedd y frwydr i lunio map Prydain fodern, ac efallai pe byddai Cadwallon wedi dangos mwy o agwedd gwladweinydd fe allai fod wedi teyrnasu yn hirach yn y gogledd. Dyma oedd y cyfle olaf i'r Brythoniaid ailsefydlu eu grym drwy Loegr. Pe byddai Cadwallon wedi ymddwyn yn fwy fel gwladweinydd yn hytrach nag arweinydd rhyfel, a chael cefnogaeth eglwyswyr Iona i'w achos, efallai y byddai cymeriad gogledd Lloegr yn wahanol iawn heddiw.

Darllen Pellach

Adams, M. *The King in the North* (Llundain: Head of Zeus, 2014)

Barrow, B. 'Oswald and The Strong Man Armed' yn Lavelle, R. a Langlands, A. J. (goln.) *Saints, Rulers and Landscapes* (Leiden: Brill 2020)

Bede, *The Ecclesiastical History of the English People* (Rhydychen: Oxford University Press, 1999)

Breeze, A. 'Seventh-century Northumbria and a poem to Cadwallon', *Northern History*, 38 (2001), t. 145–152

Charles-Edwards, T. M. *Wales and the Britons 350–1064* (Rhydychen: Oxford University Press, 2013)

George, G. *Golwg Newydd ar yr Hen Ogledd* (Llanrwst: Gwasg Carreg Gwalch, 2017)

Koch, J. T. *Cunedda, Cynan, Cadwallon, Cynddylan: Four Welsh Poems and Britain, 383–655* (Aberystwyth, 2013)

Marsden, J. *Northanhymbre Saga* (Llundain: Kyle Cathie, 1992)

Marsden, J. *Alba of the Ravens* (Llundain: Constable, 1997)

Meek, D. *The Quest for Celtic Christianity* (Millfield: Gwasg Handsel, 2000)

Woolf, A. 'Caedualla Rex Brettonum and the Passing of the Old North', *Northern History*, cyf. 41, rhan 1 (2004), t. 5–24

Diwedd yr Iaith Gymraeg Mewn Ardaloedd o Loegr

Mae nifer o lyfrau hanes yn creu'r argraff fod yr iaith Gymraeg wedi diflannu o gymunedau yn Lloegr gyda dyfodiad y Normaniaid, ond dengys cofnodion o *Lyfr Dydd y Farn* dystiolaeth na ddigwyddodd hynny dros nos, a bod nifer o grwpiau o Gymry oedd yn byw ac yn siarad yr iaith yn siroedd Lloegr wedi hynny. Roedd y cofnodion mor fanwl fel y cyfeirir at y llyfrau fel y *Domesday (Doom's Day) Book*, neu yn y Gymraeg, *Llyfr Dydd y Farn*; gan fod ei farn yn safadwy ac yn ddigyfaddawd.

Cynhaliwyd y cyfrifiad manwl hwn ar gyrion Cymru dros naw can mlynedd yn ôl ym 1086. Ynddo mae gwybodaeth gyfoethog am ardaloedd helaeth o Gymru, a cheir enwau llefydd yng Nghymru sydd bellach wedi mynd ar goll gyda threigl amser. Ynddo hefyd dangosir na lwyddodd bwriadau uchelgeisiol gwreiddiol y Normaniaid tuag at Gymru. Roedd rhai Cymry prin yn dirfeddianwyr yn Lloegr hefyd. Mae'r llyfr yn cynnig rhesymau am barhad yr iaith Gymraeg fel iaith fyw, ac am y Cymry a geisiodd efelychu'r concwerwyr newydd.

Anfonwyd swyddogion gan Gwilym Goncwerwr i ddarganfod mwy am ei frenhiniaeth newydd yn y flwyddyn 1086. Yn syml gofynnwyd tri chwestiwn i dir-berchnogion siroedd Lloegr: Yn gyntaf, pwy oedd yn berchen y tir yn amser Edward y Cyffeswr? (Bu farw ym 1066). Yn ail, pwy oedd yn berchen y tir yn amser Gwilym ers 1066? Ac yn olaf, pwy oedd yn berchen y tir yn amser yr archwiliad, sef 1086? Yn y bôn, roedd gan y brenin ddiddordeb mewn olrhain, cofnodi ac adfer ei hawliau a'i gyllid brenhinol, a'u cynyddu i'r eithaf.

Mae cofnodion *Llyfr Dydd y Farn* yn cynnwys gwybodaeth am rannau helaeth o dir sydd yng Nghymru heddiw. Y bwriad gwreiddiol oedd cynnwys y tiroedd yma o fewn siroedd y Normaniaid – ardaloedd sydd heddiw o fewn siroedd y Fflint, Trefaldwyn a Maesyfed. Arhosodd yr ardaloedd yma o dan lywodraeth tywysogion Cymru tan ddiwedd y 12fed ganrif. Ni ddaethant o dan reolaeth y brenin tan Statud Rhuddlan ym 1284 wrth ffurfio siroedd Cymru. Mae *Llyfr Dydd y Farn* hefyd yn adlewyrchu sefyllfa ieithyddol y ffin. Wrth edrych ar yr enwau Cymreig yn y llyfr mae'n amlwg iddynt gael eu hysgrifennu yn seinegol gan sgrifellwr, gan i enwau llefydd gael eu cofnodi yn wahanol: *Bachelie* (Bagillt), *Bryncot* (Bryncoed), *Brennehedui* (Brynhedydd), *Chiluen* (Cilowen), *Presetone* (Prestatyn) a *Ruargor* (Rhiwagor), i enwi rhai. Mae yna hefyd lu o enwau llefydd yng Nghymru sydd heddiw ar goll.

Ceir cyfeiriad awgrymog hefyd at gyfieithwyr yn byw ar y Gororau. Roedd yna Rhys Sais (a fu farw tua 1070), ond rhoddwyd y llysenw arno nid oherwydd ei gysylltiad gyda Lloegr gan fod ei deulu'n gwbl Gymraeg. Awgrymir efallai mai ei waith oedd bod yn gyfryngwr rhwng y Cymry a'r Sacsoniaid. Yn y llyfr ceir cyfeiriad hefyd at Lewinus (Llywelyn) a Leofwin yn byw ar ffiniau gorllewinol swydd Henffordd gyda'r teitl *Latinarius* (cyfieithydd). Roedd Leofwin yn dirfeddiannwr yno ers 1066, ac oherwydd y lleoliad a'r amser hir y bu yno efallai ei fod yn medru rhywfaint o Gymraeg. Yn anffodus i haneswyr, mae'n debyg y byddai cyfieithwyr o Gymru o statws is, ac felly ymhlith y rhai di-nod sydd heb eu cofnodi o gwbl.

Roedd y sefyllfa ieithyddol yn wahanol yng Nghymru. Dengys yr hanesydd Helen Fulton fod gan yr iaith Gymraeg statws drwy'r gymdeithas gyfan, yn wahanol i'r Saesneg. Defnyddiwyd y Gymraeg ym mhob haen o gymdeithas. Dyma iaith yr arglwyddi Cymreig, ac iaith fyw'r Cymry, ac roedd hefyd yn iaith ffurfiol lenyddol. Oherwydd nad oedd yna amrywiaethau o ran iaith y gymdeithas 'uchel' ac 'isel' yng Nghymru, nid oedd ei statws o dan fygythiad gan Ffrangeg y Normaniaid fel a ddigwyddodd yn Lloegr. Yno, Ffrangeg Normanaidd oedd iaith haenau uchaf y gymdeithas, a Saesneg oedd yr iaith israddol. Dyma reswm pwysig am barhad yr iaith yng Nghymru. Roedd yna ddigon o bobl o statws yn barod i gefnogi'r iaith, a gellir dadlau bod yr uchelwyr wedi parhau i noddi'r Gymraeg hyd at oes y Tuduriaid. Ar y Gororau wrth gwrs, roedd dylanwad Eingl-Normanaidd a Saesneg yn llawer mwy amlwg, ac wrth reswm yn ddylanwad ar rannau dwyreiniol Cymru. Dengys *Llyfr Dydd y Farn* fod o leiaf chwe iaith lafar yng Nghymru: Cymraeg, Saesneg, Ffrangeg Normanaidd, Gwyddeleg, Lladin a Fflemineg.

Felly, am ganrifoedd gwelir fod mwy o bresenoldeb y Cymry yn amlwg yn siroedd yr arfordir. Yn swydd Amwythig mae mynydd adnabyddus y Long Mynd ger Church Stretton o darddiad y gair Mynydd. Mae pentref gerllaw o'r enw Bettws-y-Crwyn. Ystyr 'Betws' oedd Tŷ Gweddi, a gallai 'Crowyn' gyfeirio at dwlc mochyn, neu efallai crwynwr, gan adlewyrchu y fasnach wlân yn yr ardal ger tref Clun (enw Celtaidd arall). Mae yna gastell gydag enw Cymreigaidd iawn yn yr ardal hefyd, sef, Bryn Amlwg. Awgryma Margaret Gelling yn ei hastudiaeth o enwau lleoedd swydd Amwythig bod enwau Walcot (bythynnod y Cymry) yn y sir yn awgrymu ardaloedd lle gwelwyd parhad yr iaith mewn ardaloedd o fewn y sir, gan egluro'r cyfeiriad Hen Saesneg atynt fel mannau'r Cymry.

Felly, hyd yn oed yn swydd Amwythig parhaodd yr iaith am gyfnod hir. Ym 1718, cwynodd plwyfolion Eglwys yn Whittington (i'r dwyrain o Groesoswallt) i'r Esgob am i'r rheithor apwyntio offeiriad di-Gymraeg. Pwysleisiwyd ganddynt fod y rheithor yn y gorffennol wedi apwyntio Cymro Cymraeg fel ciwrad i gynnal gwasanaethau yn y Gymraeg.

Efallai mai yn swydd Henffordd y gwelir yr olion hiraf o fodolaeth yr iaith a chymunedau Cymreig. Yma mae pentrefi megis Bagwyllidiart, Dôl y Cannau, Llancillo, Llandinabo, Llangarron, Olchon, Penrhos a Phontrilas. Mae yna gannoedd o enwau pentrefi, caeau a nentydd Cymreig yn parhau i fodoli yn y sir; rhai heb newid, ac eraill wedi eu Seisnigeiddio. Fe barhaodd yr iaith Gymraeg yn iaith fyw yn y sir tan y 18fed ganrif ac ymhellach.

Yn hanesyddol yn *Llyfr Dydd y Farn* cyfeiriwyd at y sir ac at Gymru fel unedau ar wahân; ac ynddo mae'n datgan, 'Nodir yma'r rhai sy'n dal tiroedd yn swydd Henffordd, Archenfield (Ergyng) ac yng Nghymru'.

Wrth i'r Normaniaid orchfygu pentrefi ac eglwysi, collwyd nifer o enwau seintiau Celtaidd gwreiddiol yr eglwysi ac fe'i hailgysegrwyd i seintiau oedd yn bwysig i'r Normaniaid. Ymhlith enwau gwreiddiol yr eglwysi yn Henffordd mae nifer o'r seintiau yn Geltaidd ac yn adnabyddus i ni'r Cymry; megis Dyfrig, Clydog, Moi, Cynidr, Beuno a Tysilio. Mewn rhai ardaloedd gwrthodwyd y broses yma o newid enwau'r eglwysi gan y trigolion. Os mai dyma'r rheswm, penderfynwyd ar gyfaddawd: ailgysegru'r eglwysi ar enw Mair neu Mihangel. Eglura hyn pam fod cymaint o eglwysi o'r enw San Mihangel a Michaelchurch a dwsin o eglwysi o'r enw Llanfair ar y ffin rhwng Mynwy a swydd Henffordd. Amcangyfrifir fod tua 150 o eglwysi 'Llanfair' yng Nghymru a'r Gororau, gyda nifer helaeth ar y ffin.

Un stori sy'n dangos natur newidiol iaith swydd Henffordd yw enw un o ardaloedd hyfrytaf y sir, sef y Golden Valley. Mae gwraidd yr enw yn Gymraeg, er ei bod yn anodd credu hynny heddiw. Pan gipiwyd yr ardal gan y Normaniaid ceisiasant ddarganfod enwau'r llefydd a orchfygwyd ganddynt. Gofynnwyd i'r bobl leol Gymraeg eu hiaith beth oedd enw'r lle. Clywsant yr enw 'dŵr', ond gan gredu mai d'*or* – sef y gair Ffrangeg am aur oedd yr ateb. O *Vale D'or* cyfieithwyd yn llythrennol i'r Saesneg: *Golden Valley*. Y rhan Gymreiciaf oedd rhanbarth Eirinwg neu Ergyng ar ochr orllewinol sir Henffordd.

Ceir tystiolaeth bwysig arall o bentref Garway (Llanwrfwy). Ym 1397 pan oedd yr eglwys yn nwylo marchogion yr ysbyty, er bod yr offeiriaid yn gweithio'n galed yn Wormbridge a Garway yn ddyddiol gyda gwasanaethau, ni allent gyflawni eu dyletswyddau'n effeithiol gan nad oeddent yn gallu siarad Cymraeg, ac nid oedd mwyafrif y plwyfolion yn medru siarad Saesneg. Yn hwyrach mewn hanes fe aeth Dafydd Seisyllt o'r ardal yma i Lundain fel sarsiant yng ngwarchodlu Harri VII, ac ef oedd tad-cu William Cecil, a ddaeth yn wladweinydd allweddol yn ystod teyrnasiad Elisabeth I.

Dros y canrifoedd mae nifer o enwau llefydd y sir wedi newid o un iaith neu'r llall. Newidiodd Michaelchurch yn y 13eg ganrif i Lanfihangel Eskley yn yr 16eg a'r 17eg ganrif, ond erbyn y 18fed ganrif dychwelodd yr enw i Michaelchurch. Erbyn diwedd y 18fed ganrif newidiwyd enw Seisnig Heliston i Bontrilas, ac mae'r enw'n parhau hyd heddiw. Enw diddorol arall yw enw pentref Humfreyston yn y 12fed ganrif, ond gelwir y lle heddiw yn Trebumfrey.

Y prif reswm am i'r llefydd yma gael eu colli fel tir Cymru oedd penderfyniad gweinyddol a gwleidyddol a wnaed ym 1536. Gyda'r deddfau uno ym 1536 a 1543 chwalwyd y ffin rhwng Cymru a'r Gororau. Diddymwyd hen arglwyddiaethau'r Gororau a'r hen dywysogaeth i greu tair sir ar ddeg. Rhoddwyd ysgogiad enfawr i sicrhau sefydlogrwydd yn yr ardal gan yr anrhefn oedd yno, a'r ffaith nad oedd gwrit y brenin yn effeithiol yn y Gororau. Penderfynwyd uno Eirinwg gyda swydd Henffordd. Nid oedd y rhesymau am wneud hyn yn seiliedig ar resymau eglwysig nac ieithyddol a fyddai wedi rhoi mwy o undod i Gymru o safbwynt iaith. Y prif reswm am wneud hyn oedd i sicrhau sefydlogrwydd talaith Lloegr a lleihau dylanwad y Gororau. Heb lawer o ystyriaeth, daeth ardaloedd Cymraeg eu hiaith yn rhan o siroedd Lloegr: swydd Henffordd a swydd Amwythig.

Gyda chynrychiolaeth seneddol gan Gymru, dechreuodd nifer o uchelwyr y wlad anfon eu plant i ysgolion megis Amwythig a San Steffan. Saesneg oedd iaith gwleidyddiaeth, busnes a dylanwad. Lleolwyd nifer o ysgolion newydd Cymru ger y ffin. Ym 1542, sefydlwyd ysgol yn Aberhonddu gan Harri VIII. Yn siart sefydliad yr ysgol datganwyd, 'nad ydynt yn gallu cadw at ein deddfau, a'r hyn y dylent, ac yn rhwym i'w gyflawni, nad ydynt yn gallu deall, oherwydd anwybodaeth o'r iaith Saesneg.'

Serch hyn mae tystiolaeth o adfywiad ieithyddol ar ôl y Deddfau Uno. Yn swydd Henffordd trosglwyddwyd i ofal Cymry nifer o ffermydd yn Lloegr nad oeddynt yn ddigon mawr i allu cynnal ffermwr bonheddig. Roedd y system llafur Cymreig o deuluoedd yn rhedeg y fferm yn fwy effeithiol a llai costus, gan arwain at ailenwi ffermydd a chaeau wrth iddynt symud i'r ardaloedd, ac mae nifer o'r enwau yn parhau yn swydd Henffordd hyd heddiw. Ceir tystiolaeth am fodolaeth cymuned fywiog Gymraeg ei hiaith yn swydd Henffordd wrth edrych ar ddeddfau dilynol. Ym 1563 pasiwyd deddf i gyfieithu'r Beibl a'r *Llyfr Gweddi Gyffredin* i'r Gymraeg, a rhoddwyd cyfrifoldeb am wneud hyn i bedwar esgob Cymru, ond hefyd Esgob Henffordd, gan fod nifer sylweddol o siaradwyr Cymraeg yn ei esgobaeth, i sicrhau fod y gwaith yn cael ei gwblhau. Fel y gŵyr llawer, pasiwyd gwelliant yn Nhŷ'r Arglwyddi i sicrhau bod y fersiwn Saesneg yn cael ei gosod ochr yn ochr â'r fersiwn Gymraeg, 'er mwyn derbyn yr iaith Saesneg yn gynt'.

Ym 1662, gyda'r Ddeddf Unffurfiaeth, bu'r pedwar esgob Cymreig ac esgob Henffordd yn gyfrifol am gyfieithu'r *Llyfr Gweddi* o'r newydd i'r Gymraeg, a gosod copi mewn eglwysi lle siaredid Cymraeg fel rheol. Roedd llawer o'r eglwysi hyn yng ngorllewin swydd Henffordd. Mor ddiweddar â 1841 cyhoeddwyd y *Llyfr Gweddi Gyffredin* yn y Gymraeg o dan awdurdod esgobion Cymru ac esgob Henffordd. Mae yna dystiolaeth hynod o fodolaeth yr iaith yn swydd Henffordd yn Eglwys y Santes Farged ym mhentref Newton, sydd tua 11 milltir o Henffordd. Yn ystod gwaith adfer ym 1902 datgymalwyd plac o do corff yr eglwys, ac er syndod i nifer roedd geiriau'r plac yn uniaith Gymraeg. Y dyddiad arno yw 1574, ac wedi ei naddu yn y pren yn y Gymraeg, mae'r geiriau 'Karka dy ddiwedd'.

Nid dyma'r unig dystiolaeth o fodolaeth y Gymraeg fel iaith fyw yn y sir chwaith. Yn festri'r eglwys mae hysbysiad o ddyletswyddau wardeniaid yr eglwysi yn y Gymraeg a'r Saesneg. Mae o leiaf 160 mlwydd oed, gan i'r eglwysi yng Nghantref Ewyas Harold gael eu trosglwyddo o esgobaeth Tyddewi i Henffordd ym 1852. O fewn Archifdy swydd Henffordd mae dau Feibl yn y Gymraeg a ddefnyddiwyd mewn

KARKA DY DDIWEDD 1574

gwasanaethau ym mhentref Rowlestone yn cael eu cadw'n ddiogel. Dinistriwyd hwy i raddau gan dân yn ficerdy'r eglwys. Yn ddiddorol, ceir enw fferm ger y pentref hefyd a sillefir fel 'Vroe' o'r Gymraeg 'Fro' ger Cwm Brook.

Ym 1661 cyhoeddodd yr hynafiaethydd, Percy Enderbie, *Cambria Triumphans* ac ynddo ysgrifennodd, 'Y mae hefyd Arglwyddiaethau amrywiol, y rhai a ychwanegwyd at siroedd eraill, ac a gymerwyd o'r blaen am rannau o Gymru, ac yn y rhan fwyaf ohonynt yn y dydd hwn, siaredir yr iaith Gymraeg, megis Croesoswallt, Cnwcin, Whittington, Esmer, Maesbrook, Chitbury, Caurs, Clonn, y rhai sydd yn awr yn swydd Amwythig; tra bod Ewyas Lacy, Ewyas Harold, Clifford, Winforton, Yardley Huntington, Whitney, Loghardneis yn swydd Henffordd. Hefyd y wlad hon o ddeheudir Cymru, fel holl weddill Prydain, a breswyliwyd gyntaf gan y Brythoniaid, y rhai sydd yn aros yno hyd heddiw.' Dyma dystiolaeth bwysig o fodolaeth yr iaith gan fod Enderbie ei hun yn medru'r iaith ac yn gyfarwydd â'r ardal.

Ym mhentref Olchon ar ochrau gorllewinol swydd Henffordd ceir dechreuadau'r Bedyddwyr yng Nghymru. Dyma lle'r aeth William Erbury a Vavasor Powell ar ôl iddynt gael eu diarddel o'r eglwys Anglicanaidd. Yn ddirgel bu'r cynulleidfaoedd cynnar yn cwrdd yn y dyffryn mewn tai megis Beili Bach, y lle diogelaf iddynt oedd cynnal gwasanaethau o dan y Garreg Ddu yn y dyffryn. Ceir hanes diddorol ym 1666 pan aeth William Jones, Bedyddiwr cynnar, i Olchon i gael ei fedyddio. Dychwelodd i Gymru ym 1668 gyda dau flaenor o'r pentref i ffurfio eglwys newydd, 'Rhydwilym' yn sir Benfro.

Yn Longtown ym 1692 roedd yr Annibynwyr yn barod i godi £10 os gallai'r gweinidog bregethu yn Saesneg a Chymraeg. Ym 1794 cynhaliwyd cymanfa yn Olchon lle traddodwyd pregethau a gweddïau yn Saesneg ac yn Gymraeg, ac roedd y Gymraeg yn iaith fyw ym mhentref Yazor, wyth milltir o Henffordd.

Roedd rhuglder yn y Gymraeg yn bwysig yn y sir ymhell i'r 19eg ganrif. Ym 1855 un o'r cymwysterau ar gyfer swydd clerc i ynadon dinas Henffordd oedd bod yn rhugl yn y Gymraeg. Yn Walterston (Tre-Wallter neu Allt-yr-Ynys) yn swydd Henffordd, cynhelid gwasanaethau Cymraeg yn rheolaidd hyd y flwyddyn 1830. Adroddodd y *Cardiff Times* ar 17 Awst 1867 am gyfarfod y Cambrian Archaeological Association. Adroddodd y cadeirydd fod teuluoedd 25 milltir o Henffordd yn parhau i siarad yr iaith. Ym 1883 honnir i'r siaradwr Cymraeg olaf farw yn Cloddock, er bod tystiolaeth bod y Gymraeg yn cael ei siarad yn Ffawyddog yng nghanol y Mynydd Du ar droad yr 20fed ganrif. Mae dros hanner ffermydd Longtown yn swydd Henffordd hyd heddiw ag enwau Cymraeg, megis Pontynys a Llanwonog. Ym 1892, adroddodd ffarmwr o Longtown ei bod yn bosibl, 60 mlynedd ynghynt, i droi i mewn i dŷ ar hap yn yr ardal a chlywed y Gymraeg yn unig yno. Mewn llythyr i'r *Hereford Times* ym 1891 soniodd yr awdur bod cyfarwyddiadau yn ardal Woolhope i wardeniaid eglwysi'r ardal yn y Gymraeg a'r Saesneg tan yr 1870au. Yn anffodus, nid oedd cyfrifiad 1891 yn rhoi cyfle i drigolion swydd Henffordd ddangos a fedrent y Gymraeg, ond fe fyddai o ddiddordeb mawr cael gwybod. Yn sicr parhaodd yr iaith Gymraeg am ganrifoedd yn swydd Henffordd ar ôl y Deddfau Uno.

Yn astudiaeth J. Bradney ym 1926, *A Memorandun Being an Attempt to Give a Chronology of the Decay of the Welsh Language in the Eastern Part of the County of Monmouth*, awgrymodd fod y dirywiad wedi gwaethygu ar ddiwedd yr 17eg ganrif a dechrau'r 18fed ganrif oherwydd cynnydd mewn priodasau rhwng y Cymry â menywod di-Gymraeg o Henffordd, gan wanhau iaith yr aelwyd. Proses raddol oedd hon dros amser a gwelir hyn ym mharhad yr iaith hyd at y 19eg ganrif. Wrth i'r trai ieithyddol encilio, gadawyd pocedi o siaradwyr Cymraeg fel crancod mewn pyllau glan môr.

Mor ddiweddar â 2012 ysgrifennodd awdur i'r *Guardian* gan ddweud bod rhai o ffermwyr gorllewin y sir yn parhau i ddweud 'gwas' wrth gyfeirio at eu cŵn defaid.

Mewn llythyr rhybuddiol gan 'Sais Glan Llugwy' a ymddangosodd yn y *Weekly Times* ar 27 Medi 1884, ysgrifennodd am sgwrs a gafodd gyda'r oedolyn olaf yng Nghasnewydd a siaradai Gymraeg fel iaith gyntaf. Dywedodd wrtho, 'bydd yn golled fawr i'r bobl Gymraeg os collant eu hiaith eu hunain.' Atebodd yr hen ŵr, 'Ie, ac ni fyddant yn gwybod pa mor fawr (yw'r golled) hyd nes y daw lawr yn llwyr arnynt.'

Darllen Pellach

Bradney, J. *A Memorandum Being an Attempt to Give a Chronology of the Decay of the Welsh Language in the Eastern Part of the County of Monmouth* (Y Fenni: Gwasg Minerva, 1926)

Fulton, H. 'Negotiating Welshness: Multilingualism in Wales Before and After 1066' yn Tyler, E. M. (gol.) *Conceptualizing Multilingualism in England, c.800–c.1250* (Turnhout: Brepols, 2012), t. 145–70

Gelling, M. 'Place Names' yn *The Gale of Life: Essays in the History and Archaeology of South West Shropshire* (Almeley: Logaston Press, 2000) t. 43–51

Lewis, C. *Herefordshire, The Welsh Connection* (Llanrwst: Llygad Gwalch, 2007)

Parry-Jones, D. 'Some Thoughts and Notes on the English of South Wales', *National Library of Wales Journal*, cyf. XVIII, rhifyn 4 (1974), t. 427–448

Thornton, D. 'Some Welshmen in Domesday Book and Beyond: Aspects of Anglo-Welsh Relations in the Eleventh Century' yn Higham, N. (gol.), *Britons in Anglo-Saxon England* (Boydell & Brewer, 2007)

Watkin, I. M. 'English and Welsh Racial Elements in Western Shropshire and in the Adjacent Welsh Borderland: ABO Blood Group Evidence', *The Journal of the Royal Anthropological Institute of Great Britain and Ireland*, cyf. 94, rhif 1, (1964), t. 52–65

Watkin, I. M. 'ABO Blood Groups, Human History and Language in Herefordshire with Special Reference to the Low B Frequency in Europe', *Heredity,* 20, 1 (1965), t. 83–95

Zaluckyj, S. & J. *The Celtic Christian Sites of the Central and Southern Marches* (Gwasg Logaston, 2006)

Mab Gwilym Goncwerwr
yn Fardd Cymreig

Curthose oedd llysenw mab hynaf Gwilym Goncwerwr a Matilda o Fflandrys, a hynny oherwydd i'w dad William wneud sbort am ben ei goesau byr pan oedd yn fach. Sanau byr o'r enw *curthose* oedd ffasiwn y cyfnod, ac mae'n debyg mai o'r fan hon y daeth y syniad. Mae awgrym nad oedd perthynas dda rhwng Gwilym a'i fab Robert gan iddo wrthryfela yn erbyn ei dad oherwydd digwyddiad gyda photi. Arllwysodd ei frodyr William Rufus a Henry gynnwys llawn y poti dros ei ben, a digiodd am nad oedd ei dad wedi cosbi ei ddau frawd.

Pan fu farw Gwilym Goncwerwr, rhoddwyd Dugiaeth Normandi i Robert, a brenhiniaeth Lloegr i William Rufus. Pan fu farw Rufus, hawliodd Henry, y brawd arall y goron, er i Robert geisio gwneud hynny, methodd yn ei orchest, a chollodd yn erbyn ei frawd ym mrwydr Tinchebrai. Fe'i carcharwyd am weddill ei oes. Treuliodd ugain mlynedd yn Devizes, cyn iddo gael ei symud i gastell Caerdydd, oedd yng ngofal Iarll Caerloyw, sef Robert Consul, mab y brenin Henry, ac un o'i hoff neiaint.

Yn ôl stori yn *The Book of Days* ym 1869 gorfodwyd Robert i ddysgu'r Gymraeg a dywedir ei fod yn darllen cerddi gan feirdd yn y Gymraeg er mwyn ceisio lleddfu ei boen o fod ar wahân oddi wrth ei fab na welsai ers ei fod yn bedair oed. Mae'n debyg iddo ddysgu Cymraeg i safon uchel iawn gan iddo ysgrifennu cerdd ei hun yn y Gymraeg. Ymddangosodd y gerdd honno yn wreiddiol o dan y pennawd – 'Verses by Robert Duke of Normandy', yn y *Gentleman's Magazine* ym 1794. Ysgrifennodd Iolo Morganwg yn y Gymraeg yn ei erthygl am yr hyn a welodd, 'Pan oedd Robert tywysog Normanaidd yng ngharchar y castell Caerdydd, gan Robert ap Amon (Fitzhamon) medru a wnaeth ar yr iaith Gymraeg; ac o weled y Beirdd Cymreig yno ar y Gwyliau efe a'u ceris, ac a aeth yn Fardd a dyma englynion a gant efe.' Dyma'r unig dystiolaeth bod Robert wedi dod yn gyfarwydd â'r iaith Gymraeg ac yn medru ysgrifennu penillion. Weithiau yn anffodus nid oedd Iolo Morganwg y mwyaf trylwyr, ac mae tystiolaeth ei fod yn gallu ffugio llawysgrifau. Dyma ran o'r gerdd yn ôl Iolo Morganwg:

Dar a dyfwys ar y ton,
Gwedi gwaedffrau a briw bron;
Gwae! a gar gwydd amryson.
Dar a dyfwys ym meillion,
A chan a'i briw ni bi gron;
Gwae! ŵr wrth ei gaseion.
Dar a dyfwys ar dir pen
Gallt, ger ymdonn Mor Hafren
Gwae! ŵr na bai digon hen.
Dar a dyfwys yngwynnau,
A thwrf a thrin a thrangau;
Gwae! a wyl na bo Angau.

Rhobert Tywysog Norddmanti ai Cant

Cerdd wedi ei chyfeirio at 'Dderw' yw hi. Mae'r cyfeiriad at 'ger ymdon Hafren', yn awgrymu i Robert edrych o'i gell yng Nghaerdydd i gyfeiriad

Bae Caerdydd; yno gwelodd y coed ar bentir Penarth. Cyfeiria Iolo Morganwg at hyn yn ei erthygl: 'gŵr oedd yn gyfarwydd â Chaerdydd. Gallwn ddychmygu Robert yn ei gell yn syllu, efallai'n teimlo'n genfigennus am ryddid y coed ac yn eu cymharu i'w dynged druenus ei hun.'

Mae'r gerdd yn ddiddorol hefyd mewn perthynas â'r traddodiad bod Robert wedi ceisio dianc o gastell Caerdydd. Roedd chwedl yng Nghaerdydd iddo geisio ffoi o'i gaethiwed, ond methodd ei geffyl â charlamu trwy'r gors ac fe'i daliwyd. Er mwyn atal rhagor o ymgeision i ddianc, llosgwyd llygaid Robert Curthose a'i ddallu gan ei frawd Henry, a chyfeiriwyd ato yn nes ymlaen yn y gyfrol *Britannia* fel un oedd yn 'amddifad o'i lygaid.' Ond cyfeiria Iolo Morganwg at y gerdd fel tystiolaeth nad oedd dim byd yn bod ar ei olwg.

Apeliodd Iolo, trwy ddarllenwyr y *Gentleman's Magazine* am fwy o gerddi neu linellau gan Robert ond ofer fu hyn, ac ni ddaeth dim i'r golwg hyd heddiw. Efallai i Robert hiraethu yn ei flynyddoedd olaf, am yr hyn a gollodd gydol ei fywyd. Yn Neuadd Gwledda Castell Caerdydd heddiw mae lle tân crand wedi ei gynllunio gan William Burgess i'r Ardalydd Bute yn y 1870au sy'n dangos Robert o Normandi, mab hynaf y brenin Gwilym Goncwerwr, ar y gornel chwith isaf yn cuddio tu ôl i fariau'r castell. Ar gefn ceffyl mae ei nai Robert y Conswl, a'i cadwodd yn gaeth, yn marchogaeth yn urddasol. Mae cyferbyniad llwyr rhwng y ddau sy'n gynrychiolaeth weledol o ba mor fregus oedd tynged pobl y cyfnod.

Darllen Pellach

Aird, W. *Robert 'Curthose' Duke of Normandy: c.1050–1134* (Gwasg Boydell, 2011)

Chambers, R. *Chambers' Book of Days: A Miscellany of Popular Antiquities* (Llundain a Chaeredin: Chambers, 1869)

Lack, K. *Conqueror's Son: Duke Robert Curthose, Thwarted King* (The History Press, 2007)

Williams, E. [Iolo Morganwg], 'Verses By Robert Duke of Normandy', *The Gentleman's Magazine*, cyf. 64, rhan 2 (1794), t. 981

Tynged Gruffudd ap Llywelyn

Ar 1 Mawrth 1244 bu farw Gruffudd ap Llywelyn, mab Llywelyn Fawr, pan geisiodd ddianc o Dŵr Llundain. Clymodd flancedi at ei gilydd i'w defnyddio fel rhaff, ond daethant yn rhydd wrth iddo ddringo i lawr, a syrthiodd 90 troedfedd i'w farwolaeth. 'Effeithiwyd yn ddwfn arno gan y diflastod a charchariad hir a myfyriodd lawer sut y gallai ddianc,' yn ôl y croniclydd Mathew Paris, a deimlai fod hon yn ymgais ffôl ar ôl iddo ddiflasu ar fod yn garcharor cyhyd.

Digwyddiad trasig, ac i rai, ymgais beryglus ac annoeth ... ond ymddengys fod dirgelwch mawr ynglŷn â'r holl ddigwyddiad. Pam fod Gruffudd yn y Tŵr-gwyn yn y lle cyntaf? Oedd y cynllun yn ddigymell, neu oedd cynllunio tu ôl iddo? Gruffudd yw un o dywysogion cyntaf Cymru y mae portread cyfoes ohono ar gael, ac roedd rôl holl bwysig gan Senana, gwraig Gruffudd, er bod ei henw bron yn anhysbys heddiw.

Mab Llywelyn Fawr a Thangwystl oedd Gruffudd, a anwyd tua 1199. Ni chydnabuwyd yr undeb gan yr eglwys ac felly roedd Gruffudd yn anghyfreithlon. Byddai hyn yn rhoi Gruffudd o dan anfantais ac yn lliwio gweddill ei fywyd. Ym 1205, priododd Llywelyn â Siwan merch y Brenin

John, er bod hon hefyd yn briodas anghyfreithlon yng ngolwg yr eglwys. Serch hyn, roedd hi'n ferch i'r brenin, ac roedd yr undeb gyda Llywelyn yn gyfreithlon yn eu golwg. Pan esgoron nhw ar fab, Dafydd, gwnaeth Llywelyn bob ymgais i sicrhau mai hwn fyddai'n etifedd iddo.

Trosglwyddwyd Gruffudd yn wystl i John ar 12 Awst 1211 ac yna mae un o gymalau'r *Magna Carta* yn gorfodi ei ryddhau ym 1215. Roedd ei berthynas gyda'i dad yn ymfflamychol, ac fe'i carcharwyd gan Lywelyn rhwng 1228 a 1234. Tua 1240 carcharwyd Gruffudd a'i fab Owain, gan ei frawd, Dafydd yng nghastell Cricieth hefyd.

Ym mis Mai 1240, roedd Dafydd wedi talu gwrogaeth i'r brenin, ac roedd cymal yn nodi mai Dafydd oedd i ddelio ag unrhyw anghytundebau am diroedd yng Ngwynedd trwy gyflafareddiad. Tra fod ei frawd yng ngharchar Cricieth, nid oedd unrhyw gymhelliad iddo ddilyn telerau ei wrogaeth, ac nid ymddangosodd Dafydd o flaen y cyflafareddwyr. Rhoddodd hyn yr esgus perffaith i Henri III ymosod ar Wynedd.

I ychwanegu at broblemau Dafydd, daeth ymyrraeth ddramatig gan wraig Gruffudd, Senana, ar 12 Awst 1241, union 30 mlynedd i'r dydd y caethiwyd Gruffudd ym 1211, ac yn sicr byddai pawb yn ymwybodol o arwyddocâd hyn. Llwyddodd i drafod cytundeb uniongyrchol gyda'r brenin Henri III yn Amwythig. Roedd hyn yn ymyrraeth brin iawn; er efallai fod cynsail wedi ei osod gan wraig tad Gruffudd, sef Siwan, merch y brenin John, pan aeth hi i weld Henri III yn Amwythig ym 1228 i drafod cytundeb heddwch.

Yn y trefniant, cytunodd Senana i dalu 600 marc i'r brenin (traean mewn arian, â'r gweddill yn geffylau ac anifeiliaid). Cytunwyd i ryddhau Gruffudd ac Owain, ac i Gruffudd sefyll barn yn llys y brenin ynglŷn â'i gyfran o'i etifeddiaeth gan Lywelyn, yn unol â chyfraith Cymru. Cynllun bwriadol i rannu Gwynedd yn ddwy ran oedd hyn, i'w derbyn fel deiliaid y brenin. Cytunodd Senana i roi ei meibion Dafydd a Rhodri fel addewidion i'r brenin. Ildiodd Senana i awdurdod Esgobion Henffordd a Coventry. Dangosir statws uchel Senana yng ngolwg Arglwyddi'r Mers a'r Cymry oherwydd bu i arglwyddi megis Ralph de Mortimer, Walter de Clifford a Gruffudd ap Gwenwynwyn dystio ac addo bod Senana yn cadw at y cytundeb.

Ym 1241 ymosododd Henri III ar Wynedd gan ddefnyddio caethiwed Gruffudd fel esgus. O fewn llai na mis, ildiodd Dafydd i Henri yng Ngwerneigron. Collodd Dafydd dir, a gobaith Senana oedd gallu rhyddhau Gruffudd. Doedd dim bwriad gan Henri i gadw at ei air, ac fe fradychodd Senana.

Cyfnewidiodd Gruffudd ac Owain gell yng Nghricieth am gell yn Nhŵr Llundain. Aeth un o feibion eraill Senana, Rhodri, yn gwmni iddynt. Roedd y tŵr newydd gael ei wyngalchu ym 1240 ac edrychai yn drawiadol iawn.

Ar 1 Mawrth 1244, ar ôl bod mewn caethiwed am bron i dair blynedd, dringodd Gruffudd allan o ffenestr ar lawr uchaf y Tŵr a dechreuodd gamu allan. Cofnododd Mathew Paris, 'ac yntau wedi dod i lawr beth ffordd fe dorrodd y cortyn dan bwysau ei gorff, oherwydd yr oedd ef yn ddyn corfforol a helaeth ei faint.' Cawn ddisgrifiad o erchylltra'r farwolaeth yn nisgrifiad pellach Paris: 'Daethpwyd o hyd i'w gorff pitw yn y bore ger wal y tŵr, yn olygfa druenus i bawb a'i gwelodd, gan fod ei ben, ynghyd â'i wddf bron wedi'u claddu yn ei fron rhwng yr ysgwyddau.'

Yn sicr, roedd hyn yn broblem i Henri III. Roedd ei haelioni yn rhan o *realpolitik* y cyfnod. Trwy gadw Gruffudd yn y tŵr gallai fygwth Dafydd gyda chystadleuydd am goron Gwynedd os oedd hwnnw am achosi problemau i'r brenin. Roedd hefyd yn medru hawlio rheswm am ei ddiddordeb penodol yng ngwleidyddiaeth Gwynedd, a'r ffaith fod Gruffudd yn garcharor ganddo yn esgus berffaith i ymyrryd. Pan glywodd y newyddion, ffromodd y brenin a chosbi'r gwarchodwyr am adael i Gruffudd farw.

Mae tystiolaeth helaeth i Henri III ddangos haelioni tuag at Gruffudd i leddfu ei boen o fod yn y carchar. Yn sicr, roedd Henri am i Gruffudd deimlo'n gyfforddus; ac ym Medi a Hydref 1241 rhoddwyd lwfans iddo ar gyfer cael coed tân. Ym 1242 prynodd ceidwaid Esgobaeth Caerwynt wisgoedd gaeaf yn ffair y dref i'r Cymry. Yn Rhagfyr 1241, Tachwedd 1242 a Thachwedd 1243 derbyniodd y Cymry roddion o goed a glo ar gyfer cadw tân eto. Rhoddwyd 4 swllt a 6 cheiniog tuag at angladd Madog ap Gruffudd, cyd-garcharor a fu farw yn y Tŵr-gwyn.

Cofnodir yn y Rholiau Pensiwn a Lwfans fod caniatâd i Senana ymweld ag ef, a derbyniai Gruffudd hanner marc gan drysorydd y brenin yn ddyddiol ar gyfer bwyd a chynhaliaeth 'yn ôl ei statws.' Talwyd 37 swllt am ddillad gwely i Gruffudd a'r Cymry oedd yn gwmni iddo yn y tŵr, ac ym 1243 cyfeiriwyd at 'weision Gruffudd'. Rhoddwyd rhestr eang o offer i wneud bywyd y Cymry yn haws, gan gynnwys lliain bwrdd i Gruffudd, cynfas i'w weision, padell ffrio, llestri a chwpanau. Cynigiodd Henri arian i Senana ar fwy nag un achlysur fel rhodd gan y brenin, ac yn gynnar ym 1242 cytunodd Henri i roi 100 swllt, oedd yn swm sylweddol o arian, a mantell gwerth dau swllt yn flynyddol iddi o ddyraniad swydd Gaer.

Ond mae mwy i'r stori. Ar yr olwg gyntaf mae cyfres o ymbiliau gan y Cymry am fwy o flancedi a dillad gwely drwy'r cyfnod o gaethiwed. Yng Ngorffennaf 1243 talwyd 18 swllt am bum pâr o gynfasau i Gruffudd a'i gyd-garcharorion. Yna talodd y brenin ddau swllt am dri thywel. Er bod hyn yn edrych yn rhesymol, awgryma'r hanesydd J. Beverley Smith yn ofalus fod hyn efallai yn gynllun i gasglu'r eitemau angenrheidiol ar gyfer gwneud ymgais i ddianc. Yn Chwefror 1244, mis cyn marwolaeth

Gruffudd, newidiwyd gwarchodwyr y Cymry oherwydd, yng ngeiriau'r rholiau, 'maent yn hollol ddiwerth', ac efallai fod Gruffudd wedi gweld ei gyfle i ddianc wedi i warchodwyr newydd ddod i'w swyddi.

Efallai i Gruffudd gael y syniad o ddringo'r waliau yn dilyn ymgais cyn-garcharor arall, Ranulf Flambard, ym 1101. Defnyddiodd raff a gafodd ei smyglo i'r gell mewn fflagen o win, gan ddianc o'r twr. Trefnodd Flambard fod ceffylau yn aros amdano ar ochr arall y wal. Efallai mai dyna pam yr addasodd Gruffudd y cynllun, gan y byddai'r awdurdodau yn ymwybodol o smyglo offer dianc.

Rhaid cofio bod Senana gyda Gruffudd, ac roedd hi eisoes wedi dangos bod ganddi statws gwleidyddol a dylanwad uchel. Byddai ganddi'r gallu a'r cysylltiadau i drefnu ceffylau tu allan i furiau'r castell i helpu ei gŵr i ddianc.

A beth am y dyddiad, sef 1 Mawrth? A oedd hyn yn fwriadol ac yn symbolaidd i apelio at y Cymry? Canoneiddiwyd Dewi gan y Pab Callixtus ym 1120, a bu'r wyl yn wyl ddathlu ers hynny. Nid oes tystiolaeth bendant, ond gallai fod yn ymgais i greu ymateb ymysg y Cymry, pe byddai Gruffudd wedi bod yn llwyddiannus wrth ffoi o Lundain ar ddyddiad mor bwysig i Gymru.

Ceir awgrym cyfrin yng nghronicl yr *Annales Cambriae* sy'n codi amheuaeth am farwolaeth Gruffudd, lle cofnodwyd: 'boed hynny oherwydd twyll neu fel arall nid ydym yn gwybod.'

Bu goblygiadau mawr i Ddafydd hefyd. Er iddo fod yn barod i garcharu ei frawd yn y gorffennol, yn ôl croniclydd *Brut y Tywysogion*, pan glywodd y newyddion, 'gwylltiwyd Dafydd ap Llywelyn a thynnodd ei holl wŷr i gyd a rhuthro ar ei elynion a'u gyrru o'u holl derfynau eithr y rhai oedd mewn cestyll.'

Bu'r farwolaeth yn achos colli grym i Henri, oedd wedi ceisio edrych ar ôl Gruffudd yn dda cyn, ac ar ôl, ei farwolaeth. Bu raid iddo dalu pedwar marc i Roger de Haverhull am gyflog pedwar sarsiant a apwyntiwyd i warchod Llywelyn a'r Cymry eraill am 40 diwrnod yn y twr. Ym 1245, gwariodd y brenin 62 swllt ac 8 geiniog i fwydo 500 o dlodion er cof am enaid Gruffudd.

Ym *Mrut y Tywysogion, fersiwn Llyfr Coch Hergest* ym 1248 nodwyd: 'caniataodd Henri Frenin yr Abad Ystrad Fflur ac Abad Aberconwy gorff Gruffudd ap Llywelyn ac y dygant ganddynt i Aberconwy, yn y lle y mae yn gorwedd.' Fe'i claddwyd ger cyrff Llywelyn Fawr a Dafydd. Clodforwyd Gruffudd gan y beirdd a rhoddant yr un statws iddo â'i dad a'i frawd.

Efallai mai'r bardd Dafydd Benfras sy'n crynhoi statws Gruffudd orau yn ei gerdd:

Am fawredd Gwynedd ganaon
Llywelyn hydyn terwyn tirion
Gruffudd a Dafydd dywysogion
Rhai difai yn difa galon

Tri arwydd hyrwydd ar eu holion
Tri arwr eurdwr eurdorchogion
Tri eryr yn wŷr ac yn weision.

Darllen Pellach

Beverley Smith, J. *Llywelyn ap Gruffudd Tywysog Cymru* (Caerdydd: Gwasg Prifysgol Cymru, 1986)

Davies, R. R. *The Age of Conquest: Wales 1063–1415* (Gwasg Prifysgol Rhydychen, 1987)

Jones, T. *Brut y Tywysogion Peniarth MS.20 Version* (Caerdydd: Gwasg Prifysgol Cymru, 1952)

Jones, T. *Brut y Tywysogion Red Book of Hergest Version* (Caerdydd: Gwasg Prifysgol Cymru, 1955)

Lloyd, J. E. *A History of Wales* Cyf. II (Llundain: Longman, 1954)

Maund, K. *The Welsh Kings* (Stroud: Tempus, 2000)

Pryce, H. (gol.) *The Acts of the Welsh Rulers 1120–1283* (Caerdydd: Gwasg Prifysgol Cymru, 2005)

Taith Coron Arthur a'r Groes Naid

Dau drysor allweddol ym meddiant tywysogion Gwynedd oedd Coron y Brenin Arthur a'r Groes Naid, dau o greiriau pwysicaf a mwyaf hanesyddol Cymru.

Pan orchfygodd Edward I Gymru ym 1282, nid yn unig cipiodd dir Llywelyn ap Gruffudd, ond cafodd hefyd fynediad at y ddau drysor arbennig yma, oedd yng ngofal mynachod Abaty Cymer i'w cadw'n ddiogel wrth i ymgyrch Edward yn erbyn Llywelyn gynyddu. Yn sicr roedd Edward yn ymwybodol iawn o bwysigrwydd chwedlau a thraddodiadau'r Cymry ac fe ddangosodd hyn drwy ei weithgareddau ar ôl 1282.

Mae gwreiddiau coron Arthur yn aneglur. Awgryma rhai haneswyr megis R. R. Davies fod yna lawer o goronau, ac y gallai'r goron Arthur oedd ym meddiant Llywelyn ym 1282 fod yn un ffug. Gorchuddiwyd y goron â phlât aur yn hwyrach na chyfnod Arthur, sydd efallai'n awgrymu nad oedd hi yn ymddangos mor drawiadol ag yr oedd Edward wedi gobeithio. Cyflwynwyd y goron ynghyd â'r Groes Naid i gysegrfa Edward y Cyffeswr yn Abaty San Steffan ym 1284.

Fe adawyd y goron yn ddiogel yn yr Abaty tan 1303 pan symudwyd hi i Dŵr Llundain. Ni chlywyd mwy amdani, a chredir gan lawer iddi gael ei dinistrio ym 1649 dan orchymyn Oliver Cromwell.

Roedd y Groes Naid yn grair sanctaidd i'r Cymry hefyd, ac yn ôl rhai yn cynnwys darn o'r wir groes a ddefnyddiwyd i groeshoelio Crist. Ni wyddys sut y daeth y crair i feddiant tywysogion Cymru. Yn hanesyddol mae yna lawer o enwau i'r crair arbennig yma: y Groes Naid, y Groes Nawdd, Croysseneyht, Gneyth, Neyht, Neyt, Gneith, Neygh, Neit, i enwi rhai. Efallai mai tarddiad yr enw yw'r Groes Nawdd, gyda chofnodwyr Saesneg yn ceisio ail-greu ynganiad y gair.

Mae rhai yn awgrymu y gallai fod wedi dod i Gymru gan Sant o Gernyw, Neot, a fu'n ymweld â'r Dwyrain Canol yn yr 8fed ganrif. Efallai hefyd i'r enw gael ei gysylltu gyda'r gair Neyt, ac o hyn, hawdd fyddai cysylltu'r Groes â Sant Neot. Fe aeth Hywel Dda i Rufain yn y 10fed ganrif pan oedd yn blentyn, ac efallai iddo dderbyn darn o bren o'r groes yn 928 OC. Mae eraill yn awgrymu bod Simon de Montfort wedi derbyn y

groes fel gwobr am gymryd rhan yn y Croesgadau, ac iddo roi'r darn i Lywelyn pan briododd ag Elinor, ei ferch, yn Eglwys Gadeiriol Caerwrangon ym 1278.

Mae tystiolaeth bod tywysogion Cymru yn tyngu llwon ar grair sanctaidd, ond nid yw'r cofnodion yn nodi'n benodol beth oedd y crair hwn. Yng nghytundeb Gwerneigron ym 1241 rhwng Harri III a Dafydd ap Llywelyn, tyngodd y Cymro lw i gadw telerau'r cytundeb ar greiriau cysegredig y Cymry.

Ym 1282 trechwyd Llywelyn ap Gruffudd gan Edward. Ar ei gorff roedd darn o groes Iesu, a ryw ffordd cymerwyd y crair oddi ar ei gorff. Mae'r Groes Naid yn ymddangos yn glir mewn cofnodion hanesyddol ym 1283. Ar 25 Mehefin yn Rhuddlan cofnodwyd i'r Groes gael ei chyflwyno i Edward ychydig ynghynt gan nifer o Gymry, megis Anian, yn gyfnewid am ffafrau arbennig, a'r hyn sydd yn nodweddiadol yw'r breintiau a roddwyd i'r Cymry hynny a ddaeth â'r Groes i Edward gan iddynt osgoi gwasanaethu'r brenin y tu allan i'r pedwar cantref. Dengys hyn y pwysigrwydd a roddodd Edward i'r Groes Naid.

Mae cyfeiriad mewn cyfrifon eraill o 1284 at 'Huw Ab Ithel, clerigwr, yr hwn a ddaeth â'r Groes Neith i'r brenin.' Mae Rishanger, croniclydd cyfoes, yn disgrifio Huw fel ysgrifennydd i Lywelyn. Yn ôl y cofnod, 'y rhan honno o bren gwerthfawrocaf y Groes, a elwir yn Gymraeg Croes Neyht, yr hwn a berthynai gynt i'r Tywysog Llywelyn a'i hynafiaid, Tywysogion Cymru o'i flaen.' Cyflwynodd Huw ab Ithel y groes i Edward yn Aberconwy a'i chyfnewid am glogyn ac ysgoloriaeth i Rydychen. Daeth y groes yn un o feddiannau mwyaf gwerthfawr Edward.

Cynhaliwyd seremoni urddasol ym 1285 i gyflwyno'r Groes Naid yn Llundain. Ar 4 Mai arweiniodd Edward a'i wraig Eleanor eu holl fawrion ar orymdaith o dan ofal Archesgob Pecham a phedwar ar ddeg o esgobion o Dŵr Llundain i Abaty San Steffan. Aethant heibio pennau Llywelyn a'i frawd Dafydd, oedd ar bigau wrth y tŵr wedi eu hiro gyda thar i arafu'r pydru. Gosodwyd y groes wrth allor uchel Abaty San Steffan.

Yn fuan wedi hynny, symudwyd y groes a'i rhoi yng ngofal lleianod St Helena yn Bishopsgate. Roedd hyn yn fwriadol ac yn dangos y parch a ddangosodd Edward i'r crair. Santes Helena oedd mam yr ymerawdwr Cystennin a hi oedd y cyntaf i ddarganfod lleoliad y tair croes yng Ngolgotha yn ystod ei phererindod i'r wlad sanctaidd yn y 4edd ganrif.

Ceir tystiolaeth bellach o'r parch a ddangosir tuag at y Groes Naid, gan i Edward deithio a'r crair gyda ef, ac ym 1293–1294 gwariodd £104 ar addurno'r pedestal gyda gemwaith wedi'i osod mewn aur.

Yna bu'r groes ar daith eto gan Edward III i Gapel San Siôr yn Windsor ym 1352, a chafodd ei gosod yn ei chysegrfa ei hun. Nid oes unrhyw olion o'r Groes heddiw yn yr eglwys. Fodd bynnag, mae bwlyn to cerfiedig yn dangos delweddau Edward IV a Richard Beauchamp, Esgob Salisbury, yn penlinio o flaen y Groes Naid tua 1480. Mae yna arysgrif o hyd yn yr eil yn y capel sy'n nodi y byddai'r rhai a weddïodd yno, 'yn penlinio ym mhresenoldeb y Groes Sanctaidd,' ac yn derbyn deugain diwrnod o bardwn gan yr eglwys. Daeth pererinion o bob rhan o Brydain i Windsor i weddïo yn y gysegrfa ac fe'i hystyriwyd yn un o greiriau pwysicaf capel San Siôr.

Cyfeiria'r hanesydd Peter Ogwen Jones at y tro diwethaf y defnyddiwyd y groes drwy adrodd am ddigwyddiad ym 1506, pan ddinistriwyd llong y brenin Philip o Castile mewn llongddrylliad gan storm ffyrnig yn y Môr Wedd. Cyfarfu â'r brenin Harri VII yng Nghastell Windsor, lle cafodd ei urddo i fod yn un o farchogion y Gardas. Fel rhan o'r seremoni bu'n rhaid i Philip dyngu llw ar Groes y Cymry, oedd erbyn hyn yn gorwedd yno ar glustog lliain aur. Yn ystod cythrwfl ansicrwydd crefyddol teyrnasiad Harri VIII, gyda diddymiad y mynachlogydd ac ymosodiadau ar ddelweddau a chreiriau crefyddol, dinistriwyd llawer o drysorau neu eu cuddio.

Ym 1552 atafaelwyd y Groes Naid gan gomisiynwyr Edward VI, a'i lleoli yn Nhŵr Llundain, 'yn aros am gyfarwyddiadau pellach y Brenin.' Nid oes unrhyw gyfarwyddiadau pellach wedi dod i'r amlwg. Efallai fod y groes yn parhau i fod yn y tŵr, neu ar goll. Mae rhai haneswyr yn honni fod y crair wedi ei symud i Ewrop i'w gadw'n ddiogel. Credir gan eraill iddo gael ei ddinistrio am ei gâs aur gwerthfawr neu iddo gael ei ddinistrio gan y piwritaniaid ar ôl 1649.

Yn achos y ddau drysor, dangosodd Edward wybodaeth dda am

draddodiadau hanes Cymru. Defnyddiodd ddarganfyddiadau hanesyddol yn fwriadol i ddangos ei fod yn etifedd cyfreithlon i Arthur ac o ganlyniad yn frenin y Cymry. Yn gynharach yn ei deyrnasiad, ym 1278, ailgladdwyd gweddillion honedig Arthur a Gwenhwyfar mewn seremoni fawreddog yn Ynys Wydrin. Darganfuwyd bedd yr Ymerawdwr Macsen Wledig yng Nghaernarfon ym 1283, ac yn ôl Sieffre o Fynwy roedd yn hen dad-cu i'r brenin Arthur. Roedd hyn eto yn rhan o'r polisi o gysylltu gorffennol mawr Cymru â'r dyfodol o dan Edward yn frenin, etifedd naturiol Arthur y Cymry. Cyflawnodd y Groes Naid a choron Arthur swyddogaethau gwleidyddol pwysig.

Darllen Pellach

Bartlett, W. B. *The Taming of the Dragon: Edward I & The Conquest of Wales* (Stroud: Sutton, 2003)

Beverley Smith, J. *Llywelyn ap Gruffudd Tywysog Cymru* (Caerdydd: Gwasg Prifysgol Cymru, 1983)

Jones, P. O. *The Welsh Cross Mystery* (2020)

Owen, E. 'The Croes Nawdd', *Y Cymmrodor*, cyf 43 (1932), t. 2–18

Moore, D. *The Welsh Wars of Independence* (Stroud: Tempus, 2004)

Morris, M. *Edward I: A Great and Terrible King* (Llundain: Windmill Books, 2009)

Prestwich, M. *Edward I* (Llundain: Guild Publishing, 1988)

Sôn am Tsunami

A r fore erchyll yn Ionawr 1607 gwelwyd dinistr a effeithiodd ar holl arfordir de Cymru. Trychineb naturiol wrth i'r môr orlifo'r dyffrynnoedd – ac mae olion y drychineb i'w gweld yn yr ardal hyd heddiw.

I drigolion crefyddol y cyfnod roedd y don enfawr hon yn cynrychioli beirniadaeth Duw ar eu pechodau. 'Nôl ym 1570, cafwyd llifogydd erchyll a ddinistriodd arfordiroedd yr Iseldiroedd a'r Almaen, 'Llifogydd Yr Holl Seintiau.' Dyma ddwy drychineb debyg, a hynny o fewn llai na hanner can mlynedd i'w gilydd. A oedd cysylltiad rhwng y ddwy? Soniodd William Jones, Brynbuga am hyn yn ei bamffledyn *God's Warning to his people of England* a cheir gwybodaeth hefyd ym mhamffledyn Edward White, *A true report of certain wonderful overflowings of waters, now lately in Summerset-shire, Norfolke, and other places of England.*

A hithau'n naw o'r gloch ar fore o Ionawr ym 1607, a nifer ar eu ffordd i'w gwaith, gwelwyd golygfa ryfeddol – ai niwl neu darth a welsant? Yn sydyn, dyma sylweddoli mai ton enfawr o'r môr oedd o'u blaenau, 'fel

petai mynyddoedd mwyaf y byd wedi llethu'r tiroedd isel neu dir corsiog.'
Deuai'r don ar ras, fel miloedd o saethau yn yr awyr yn hyrddio mor
gyflym nes bod yr adar yn methu hedfan yn ddigon cyflym i'w hosgoi.

'Bu llawer o ddynion yn gyfoethog pan godon nhw allan o'u gwelyau
yn y bore, gwnaethpwyd yn dlawd cyn hanner dydd yr un diwrnod,'
meddai'r adroddiad. Mewn llai na phum awr bu farw dwy fil o bobl.
Dinistriwyd dros 200 milltir sgwâr o dirwedd. Cyrhaeddodd y dyfroedd
hyd at bum milltir i'r mewndir. Difethwyd yr arfordir oll o Fynwy i
Geredigion, ac o Dalacharn i Gas-gwent. Gwelwyd llwynogod,
ysgyfarnogod, llygod, tyrchod daear a llygod mawr yn nofio a neidio ar
gefn ei gilydd er mwyn dianc, ond yn ôl adroddiad William Jones, ofer
oedd y cyfan.

Yn dorcalonnus, boddwyd plant wrth iddynt geisio dychwelyd ar
garlam o'r ysgol yn ôl at eu rhieni. Yn ôl William Jones roedd yr olygfa
yn hunllefus ar ôl y don wreiddiol. Am ddyddiau gwelwyd cyrff yn arnofio
ar y dŵr. Bu cryn ddifrod ym Mryste gyda'r tai a selerau o dan ddŵr.
Cofnododd: 'bu farw menyw a merch yn eu gwelâu yng Nghas-gwent pan
lifodd y dŵr yn rymus i'r tai.'

Bu difrod mawr yng Nghaerdydd hefyd, lle difrodwyd sylfeini eglwys
y Santes Fair, a pharhaodd i ddirywio wedyn. Ymddengys ar fap John
Speed o Gaerdydd ym 1610 ond symudwyd y prif wasanaethau i eglwys
St Ioan, sy'n parhau yn eglwys fywiog heddiw.

Gellir cael rhyw fath o syniad o uchder y llifogydd gan fod pwynt uchaf
y dyfroedd wedi ei ysgythru ar wal eglwys Sant Thomas ym mhentref y
Redwig. Boddwyd pobl yn eu gwelyau.

Mae yna storïau anghredadwy am ddewrder ac achubiaeth wyrthiol
hefyd. Adroddir hanes am laethferch yn sir Fynwy yn godro ei gwartheg
yn y bore, ac wrth i'r dŵr lifo'n gyflym, llwyddodd i ddringo i ben banc a
gorfod aros yno tan wyth o'r gloch y bore wedyn. Nid y dŵr oedd ei hunig
elyn, gan fod yr awdur yn cyfeirio at gŵn, cathod, tyrchod daear,
llwynogod, ysgyfarnogod, llygod a llygod mawr hefyd yn gwmni iddi ar y
banc. Bu'n ymdrech iddi gadw'r creaduriaid rhag ei hymgripio.
Cofnododd White: 'Nid oedd hi gymaint mewn perygl o'r dŵr ar un ochr:

ag oedd gan gythryblwyd gyda'r fermin hyn yr ochr arall.' Mae'r awdur yn synnu nad oedd yr anifeiliaid yn ymladd gyda'i gilydd wrth iddynt gysgodi ar y tir uchel. Roedd perygl iddi farw, ond 'fe wnaeth Duw Hollalluog o'i drugaredd a'i ddaioni anfeidrol, ei chadw rhag y fath beryglon.' Llwyddodd ei ffrindiau i glymu dau gafn llydan at ei gilydd ac anfonwyd dau ddyn gyda pholion i rwyfo tuag ati i'w hachub.

Bu un dyn dall o Forgannwg oedd yn methu sefyll ar ei draed ers deng mlynedd yn ffodus iawn. Chwalwyd ei fwthyn ond fe lwyddodd i ddal gafael ar drawst oedd yn llifo heibio ar y dyfroedd, ac fe'i chwythwyd gan y gwynt a'i yrru'n ddiogel i'r lan. Un arall a lwyddodd i osgoi boddi oedd bachgen, pump neu chwech oed, a lwyddodd i nofio am ddwy awr gan fod ei gôt hir wedi ymledu ar wyneb y dŵr a'i helpu i arnofio. Roedd ar fin suddo o dan y don pan lifodd maharen tew gwlanog marw heibio a llwyddodd y bachgen i ddal yn dynn yn y gwlân gan adael i'r gwynt ei chwythu i'r lan, lle'r achubwyd ef.

Achubodd mam yn sir Gaerfyrddin ei phlant drwy osod ei hun a'r pedwar bychan yn ddiogel tu mewn i gafn bara ac arnofio ar y llif ynddo nes cyrraedd y lan 'trwy ragluniaeth dda Duw,' a noda'r awdur fod ewyllys menyw bob amser yn barod mewn eithafion …

Y brif ffordd a ddefnyddiwyd i osgoi'r llifogydd oedd dringo coed, a bu rhai yn byw yno am dridiau nes i flinder neu newyn achosi iddynt syrthio i'r dyfroedd. Y tristwch mwyaf yw darllen am rai yn cysgodi yn y coed ac yn gweld eu gwragedd, eu plant a'u gweision yn nofio yn y dŵr budr yn chwilio'n ofer am noddfa. Gwyliodd rhai eu tai yn dymchwel o dan rym y llif, a'u bywoliaeth yn diflannu. Dinistriwyd bywoliaeth y trigolion o fewn oriau, a gellid gweld cnydau yn arnofio ar hyd yr arfordir gan edrych fel 'llongau ar y moroedd.'

Mae yna ddisgrifiadau o'r dulliau gorwyllt a ddefnyddiwyd gan y trigolion i ffoi: rhai ar gefnau gwartheg marw, rhai ar blanciau pren, rhai trwy ddringo coed, rhai trwy aros ar gopaon serth ac eglwysi uchel ac eraill gyda cheffylau cyflym a rhai ar gychod. Bu nifer o lygaid dyston yn feirniadol iawn o'r prinder cychod, a chredai William Jones y byddai nifer wedi byw petai digon o gychod ar gael ar hyd yr arfordir.

Nid oes cytundeb am uchder y don, ac mewn astudiaeth ddiweddar gan S. Haslett ac eraill, mae cyfeiriad at dri uchder i'r llifogydd gan fod mesuriadau gwahanol wedi bod dros y degawdau, sef 7.14m, 7.72m a hefyd 8.12m. Serch hyn, mae pob un yn uchel iawn.

Gan fod y llygaid dyston yn disgrifio'r don fel mynyddoedd uchaf y byd, credir gan nifer ei bod yn debyg iawn i ddisgrifiadau heddiw o tswnami. Barn eraill, megis Rose Hewlett, yw bod y difrod wedi ei achosi gan ymchwydd llanw. Ystod llanw aber Hafren yw 13 metr, yr ail fwyaf yn y byd, ac mae ffenomenon boblogaidd yr 'Eger Hafren', ton sydd yn teithio ar hyd dyffryn Hafren gan ganiatáu i'r dewraf syrffio ar hyd yr afon, yn amlwg heddiw.

Er bod y digwyddiadau hyn dros bedwar can mlynedd yn ôl, llwydda'r awduron i gyfleu erchyllterau'r llifogydd, a thrwy'r disgrifiadau manwl gallwn uniaethu a rhannu gofid ein cyndeidiau.

Adeiladwyd Theatr Tywysog Cymru ym 1878 ar y lleoliad i gofio eglwys hynafol y Santes Fair. Erbyn heddiw mae'n dafarn boblogaidd a gellir gweld amlinelliad yr eglwys ar y wal tu allan.

Lleolir pentref Allteuryn (Goldcliffe) ar ynys yn y corsydd isel rhwng dinasoedd Caerdydd a Chasnewydd, sy'n dominyddu'r gwlypdir cyfagos, a does dim syndod bod nifer wedi ceisio ffoi i'r eglwys. Mae cofeb yno sy'n cofnodi dyddiad y drychineb, sef Ionawr XXX 1606 (ond oherwydd y calendr Julian dechreuodd y flwyddyn newydd ar Ŵyl Fair, 25 Mawrth, ac felly'r dyddiad i ni heddiw yw 30 Ionawr 1607). Nodir ar y gofeb i'r plwyf golli tua £5,000 (tua £650,000 heddiw), sy'n dangos pa mor gyfoethog oedd yr ardal; ac yna nodir bod 22 person wedi boddi. Awgrym o flaenoriaethau'r cyfnod efallai!

Darllen Pellach

Baker, E. E. (gol.) (1884 [1607]) *A True Report of Certain Wonderful Overflowings of Waters in Somerset, Norfolk, & Other Parts of England. A.D. 1607* (Weston-super-Mare, 1884)

Hall, M. *The Severn Tsunami? The Story of Britain's Greatest Natural Disaster* (Stroud: The History Press, 2013)

Haslett, S., Skellern, A. a Open, S. 'The potential area affected by the 1607 flood event in the Severn Estuary, UK: a preliminary investigation', *Archaeology in the Severn Estuary*, 18 (2007), t. 59–65

Jones, W. of Usk *God's Warning to His People of England* (London: W. Barley and Io. Bayly, 1607)

Rippon, S. *The Gwent Levels: The Evolution of a Wetland Landscape* (York: Council for British Archaeology, CBA Research Report, 1996)

Atgasedd a Sarhad Tuag at Gymry Llundain

Gyda'r Deddfau Uno tyrrodd mwy a mwy o Gymry i Lundain, ac yn sicr roedd drwgdybiaethau tuag atynt oherwydd yr iaith, eu hacenion a'u dillad. Dechreuodd yr ystrydeb ynglŷn â'u hanonestrwydd yn gynnar a thaflwyd sarhad ac atgasedd atynt yn ddibaid.

Cynyddodd yr amheuaeth hyn ynglŷn â theyrngarwch y Cymry yn sgil y Rhyfel Cartref a ddigwyddodd ddegawdau ynghynt. Dengys astudiaeth Lloyd Bowen o bamffledi'r cyfnod rhwng Ionawr 1642 a Mai 1643 y cyhoeddwyd 17 pamffled yn ymosod ar y Cymry gan eu gwawdio a chreu'r ddelwedd ohonynt fel pobl dwp, yn lladron ac yn or-hoff o gaws.

Delweddau eraill fyddai'n bychanu'r Cymry oedd eu dangos yn marchogaeth gafr. Yn wir erbyn y 18fed ganrif roedd gwerthwyr losin yn creu 'taffies', sef ffigyrau o Gymry ar gefn gafr wedi eu gwneud o dorth sinsir. Ceir adlais pellach o hyn yn y gerdd adnabyddus 'Taffy was a Welshman, taffy was a thief' a gofnodwyd am y tro cyntaf ym 1780.

Yn *Poor Robin's Almanac* o 1757 ceir cerdd yn cyfeirio at arferiad arall a welwyd yn y cyfnod. I ni heddiw mae'n swnio'n ysgytwol:

All stuffed with hay to represent
The Cambrian hero thereby meant;
They drag hur to some publick tree,
And hang hur up in effigy.

Mae'r defnydd o'r gair 'hur' yn fwriadol fel ffordd arall o fychanu'r Cymry. Roedd hyn i ddangos eu dryswch meddwl, ac roedd galw dynion yn fenywod yn sarhad mawr yn y cyfnod. Bu darganfyddiad syfrdanol am yr arferiad hwn yn ddiweddar pan astudiwyd 'Yr Arestiad', llun rhif pedwar yng nghyfres *A Rake's Progress* gan yr artist enwog William Hogarth, o dan gamera isgoch. Mae'r llun gwreiddiol yn dangos Tom Rakewell yn cael ei arestio ar y ffordd i ddathlu pen-blwydd y Frenhines. Mewn ymchwil ddiweddar iawn yn Oriel y Tate, darganfuwyd llun o ddelw yn eistedd ar gadair sy'n hongian o bostyn. Mae amlinell Cennin Pedr yn ei gap yn dangos mai Cymro ydyw, ac yn gynrychiolaeth weledol o'r hyn a welodd Samuel Pepys a Willem Schellinks. Nid yw'r ddelwedd yma i'w gweld yn y llun gorffenedig ond yn sicr dengys arferion yr oes.

Mae'n siŵr bod nifer wedi clywed am Samuel Pepys, y dyddiadurwr hynod oedd yn gofnodwr amhrisiadwy o ddigwyddiadau'r 17eg ganrif. Bu'n llygad dyst i ddigwyddiadau mawr y cyfnod megis y Pla Mawr a Thân Mawr Llundain. Dyn oedd yn hoff o gymdeithasu oedd hwn, ac mae tua 150 o dafarndai wedi eu rhestru yn ei ddyddiaduron. Ynddynt hefyd mae'n bwrw goleuni ar agweddau rhai o'r Llundeinwyr tuag at y Cymry oedd yn byw yno.

Doedd gan Pepys fawr i'w ddweud wrth Gymry Llundain, ac un o'r geiriau a ddefnyddiodd i ddisgrifio un ohonynt, sef Mr Powell, a oedd yn honni ei fod yn feddyg, oedd *coxcomb* – ffrityn yn Gymraeg – sef person da i ddim, hollol ddiwerth.

Er mawr sioc i bawb awgrymodd Mr Powell fod y frech wen ar frawd Pepys, ac anfonodd hwnnw am feddyg arall, Doctor Wiverly. Wedi archwiliad manwl, er mawr ryddhad i Pepys, casgliad y meddyg hwn oedd mai wlser ac nid y frech wen oedd ar ei frawd. Talodd Pepys i Dr Wiverly am ei amser ond gwrthododd roi unrhyw arian i Mr Powell am godi braw ar bawb. Dathlodd Pepys a'i deulu gyda gwledd o wystrys.

Roedd Mary, un o forwynion ystafell Pepys, yn Gymraes. Ymunodd hi â'r teulu ym Mawrth 1665 ac yng ngeiriau hallt Pepys, 'siom oedd gweld y forwyn newydd am y tro cyntaf; yn lle golygus, fel y siaradodd fy ngwraig, ac sy'n dal i feddwl hyn amdani, mae hi'n groten blaen iawn, fe'm siomwyd yn aruthrol ganddi.' Er hyn daeth Pepys a'r Gymraes yn eithaf agos, a byddent yn siarad ac yn yfed yn aml yn yr Harp and Ball ar Charing Cross. Ysgrifennodd Pepys amdani yng Ngorffennaf 1665, 'dywedodd wrthyf yn syml am golli ei chariad cyntaf yng Nghymru, a dod yma heb i'w chyfeillion wybod, ac y mae'n ymddangos fod Dr Williams (y meddyg John Williams a ofalodd am Elisabeth, gwraig Pepys) yn esgus ei charu, ac yr wyf wedi ei weld e yno amryw weithiau.' Yn y disgrifiad yma ceir rhywfaint o gyfeiriad at boen a thristwch Mary yn gadael Cymru heb ddweud gair wrth neb. Doedd Pepys ddim yn hoff o'r sylw a roddai Dr Williams iddi. Yn anffodus, nid oes mwy o wybodaeth am Mary. Gadawodd deulu Pepys a symud i fyw gyda theulu Elisabeth Pearse o fewn y flwyddyn.

Rhywun mwy cefnog oedd Mrs James, neu Aunt James yn y dyddiadur. Efallai iddi briodi ewythr Pepys, Thomas Fenner. Cyfeirir ati yn byw yng Nghymru, ac yn ymweld yn gyson â theulu Pepys. Cofnodir yn aml yn y dyddiaduron ei bod yn gadael Llundain i deithio yn ôl i Gymru. Bu farw Mrs James yn gynnar ym 1666 o afiechyd carreg ar yr aren neu'r bledren.

Mae Cymry eraill yn ymddangos yn y dyddiaduron. Yn Ionawr 1663 cofnododd Pepys, 'o'r diwedd dod o hyd i ychydig o gig mewn cogydd Cymreig yn Charing Cross, ac yma yn ciniawa gyda'r bechgyn.' Mae cyfeiriad at delynor ifanc yn rhoi adloniant ar y 'welsh harp' yn nhafarn yr Half Moon ar y Strand hefyd.

Mae un cofnod brawychus yn ei ddyddiadur sy'n bwrw goleuni ar agweddau rhai eraill yn Llundain tuag at y Cymry. Dyma gyfeiriad gan lygad dyst o'r arferiad o gynnal gwrth-ddathliadau yn erbyn y Cymry, ac

un o'r arferion mwyaf amlwg a hynod yn y cyfnod oedd crogi delwau. Ar 1 Mawrth 1667 ysgrifennodd Pepys, 'yn y strydoedd, yn Mark Lane (ger Twr Llundain), sylwais, gan ei bod yn ddydd Gŵyl Dewi, ar ddelw o ddyn wedi'i wisgo fel Cymro, yn hongian wrth ei wddf ar un o'r polion sy'n sefyll allan ar ben un o dai'r masnachwyr. Yn gyfran lawn, ac wedi ei wneud yn rhagorol; mae'n un o'r golygfeydd rhyfeddaf a welais ers talwm, canys yr oedd mor debyg i ddyn y buasai rhywun yn meddwl ei fod yn ddyn go iawn.'

Un arall sy'n dangos agwedd negyddol tuag at Gymry Llundain yw Willem Schellinks, artist o'r Iseldiroedd, a deithiodd trwy Loegr rhwng 1661 a 1663 gan gofnodi'r hyn a welodd. Ar 1 Mawrth 1662, dydd Gŵyl Dewi eto, ysgrifennodd am ddigwyddiad brawychus a welodd ar ymweliad â Llundain. Disgrifiodd sut roedd Cymry'r ddinas yn gwisgo cennin mor fawr ar eu hetiau nes bod eu pennau'n hongian i'r ochr o'u herwydd. Gwawdiwyd y Cymry hyn gan y Saeson, oedd yn eu galw yn 'Taffeys' a 'David'. Hefyd gwelwyd trigolion Llundain yn hongian pob math o ddoliau a bwganod brain a'u haddurno gyda chennin ar eu pennau. Mae Schellinks yn sôn bod y Cymry a'r Saeson yn dathlu'r diwrnod gyda 'diod feddwol drwm ac mae'r ddwy ochr, ar ôl y cwrw cryf, gwin a chlaret, yn mynd yn fyr dymer, ystyfnig a gwyllt, felly nid yn aml y mae'r dydd yn mynd heibio heb ddamweiniau, a heb i'r naill na'r llall fynd i ddadl neu ymladdfa waedlyd.' Ym 1662 disgrifiodd gogydd o Sais yn clymu cenhinen yn ei het am hwyl ac yn annerch, fel cydwladwr, arglwydd o Gymru oedd yn digwydd pasio heibio gyda'i osgordd. Atebodd y Cymro yn Gymraeg gan achosi i'r cogydd ateb yn chwyrn yn Saesneg. Ymosododd y Cymro ar y cogydd a bu rhaid iddo ffoi i'w siop. Ymosododd y Sais ar y Cymro gyda phicell o'r tân. Trodd y Cymry yn erbyn y cogydd gyda meingleddyfau. Ymddangosodd 'rabl' gan daflu baw a phethau ofnadwy eraill at y Cymry a bu raid iddynt ffoi i gwch ar yr afon. Bu ymladd mawr ar y cwch nes i'r brenin ddanfon cymorth.

Gyda phoblogaeth o tua 280,000 o drigolion yn Llundain ar y pryd doedd dim syndod y byddai Cymry yn byw yno gyda thraddodiad hir o addysgwyr yn eu mysg yn symud i Loegr i ddysgu. Er hyn, ni allai'r Llundeinwyr eu derbyn fel pobl alluog fyddai o gymorth iddynt, a byddent yn cymryd pob cyfle i'w iselhau a bwrw gwawd arnynt.

Darllen Pellach

Brownlees, N. 'Welsh English in English Civil War pamphlets' yn Dossena, M. a Lass, R. (goln.) *Studies in English and European Historical Dialectology*, (Yr Almaen, 2009)

Griffin, A., Macaro, G. a Townsend, J. gyda chyfraniadau gan Alice Insley, Helen Dorey, Joanna Tinworth, Rica Jones a Judith Lee, 'The Development of Hogarth's series *A Rake's Progress* : From Paintings to Prints', Tate Research Feature, 2021, https://www.tate.org.uk/research/features/hogarth-rakes-progress-paintings-to-prints

Morgan, G. 'Linguistic and Other Distortions in Ballads on Welsh Themes', *English Broadside Ballad Archive* (2019)

Mortimer, I. *The Time Traveller's Guide to Restoration Britain* (Llyfrau Pegasus, 2017)

Pepys, S. *The Diary of Samuel Pepys Complete 11 Volume Set*, Gol. Latham, R. a Matthews, W. (California, 1974)

Tomalin, C. *Samuel Pepys: The Unequalled Self* (Penguin, 2012)

Gwir Fôr-ladron Cymru

'Barti Ddu o Gasnewy' Bach
Y morwr tal â'r chwerthiniad iach.'

Dyma fel rydan ni'n meddwl am Barti Ddu, neu Bartholomew Roberts. Mae enwau Harri Morgan, John Evans a Hywel Davies yn adnabyddus fel môr-ladron hefyd, a phawb wedi clywed am eu hanturiaethau a'u gwrhydri ar y môr – ond ydan ni'n gwybod y gwir i gyd?

Mae hanes môr-ladron o Gymru yn wybyddus ar hyd y cenedlaethau, ond mae mwy i hanes y rhain nag sy'n cael ei adrodd mewn storïau cyffredin a hyddysg amdanynt. Gwasanaethodd nifer o Gymry ar longau môr-ladron enwog megis Blackbeard. Pwy fyddai'n gwybod am atgasedd mawr Barti Ddu tuag at Wyddelod? Pwy oedd y môr-leidr Cymreig a ymladdodd yn ddewr ar ôl colli ei goes? A beth am y posibilrwydd fod trysorau un o fôr-ladron mwyaf Cymru ar goll hyd heddiw?

Prif ffynhonnell ein gwybodaeth am y cyfnod cyffrous yma yw'r llyfr *A General History of the Pyrates* gan y Capten Charles Johnson ym 1724, ond mae dirgelwch mawr yn perthyn i'r llyfr. Does dim Capten o'r enw yma yn y cyfnod, a chred llawer yw mai ffugenw ydyw ac mai Daniel Defoe, awdur *Robinson Crusoe*, a ysgrifennodd y gyfrol. Ceir datganiad yn y llyfr mai enw baner Bartholomew Roberts oedd y *Jolly Roger*, ac ym 1721 y ceir y cyfeiriad cyntaf ati. Yn y llyfr hefyd daw gwybodaeth am atgasedd Barti Ddu tuag at Wyddelod, sy'n deillio o'i ymwneud â môr-leidr arall, Walter Kennedy, mab i Wyddelod o Lundain.

Roedd Kennedy yng nghwmni môr-leidr arall o Gymru, Hywel Davies o Aberdaugleddau ar long y *Royal Rover*. Etholwyd Davies yn Gapten ar ôl iddo arwain miwtini, a hwyliodd gan gipio mwy o drysorau o'r Arfordir Aur (Ghana heddiw). Glaniodd Davies a Kennedy ar ynys Principe, a chudd-ymosodwyd arnynt gan y Portiwgeaid. Lladdwyd Davies ond llwyddodd Kennedy i ddianc – yr unig berson i wneud hynny. Etholwyd Bartholomew Roberts i ddilyn Davies fel capten, ac efallai i hyn ddigio Kennedy. Wrth i Roberts a deugain o'i griw geisio cipio llong arall gadawyd Kennedy yng ngofal y *Royal Rover*, ond cymerodd fantais gan ddatgan, tu ôl i gefn Roberts, mai ef oedd y capten. Ystyriai Bartholomew Roberts hyn yn frad o'r radd flaenaf, ac ni fu'n fodlon derbyn Gwyddelod ar ei long wedi hynny.

Arweiniodd hyn hefyd i Bartholomew Roberts ffurfio rhestr o reolau y bu raid i'w griw eu dilyn:

- Roedd gan bob un bleidlais ar faterion y foment.
- Pe bai unrhyw un yn twyllo'r criw hyd at werth doler, ei gosb fyddai ei adael ar ynys anial gyda gwn, potel o bowdwr a photel o ddŵr.
- Os oedd dwyn rhwng aelodau o'r criw gallent hollti clustiau neu drwyn yr un euog a'i osod ar y lan, mewn lle anodd i fyw.
- Doedd neb i gamblo am arian trwy gardiau neu ddis.
- Y goleuadau i'w diffodd erbyn wyth o'r gloch y nos. Os oedd rhai am barhau i yfed byddai'n rhaid iddynt wneud hyn ar ddec agored. (Credai Roberts y byddai hyn yn rhwystro meddwi, ond ni lwyddodd i leihau'r goryfed.)
- Ni chaniatawyd dim un bachgen na merch ar y llong. Pe deuid o hyd i unrhyw ddyn yn swyno merch, a'i chludo i'r môr, a'i chuddio, fe

fyddai yn dioddef marwolaeth. (Rhaid cofio i ddwy ferch, Anne Bonny a Mary Read, lwyddo i guddio eu rhyw drwy wisgo fel dynion am gyfnod hir ar longau.)

- Caniatawyd i gerddorion orffwys ar ddydd y Saboth ond nid ar unrhyw ddiwrnod arall heb ganiatâd.

Rhydd hyn flas ar amodau'r llong, ond roedd yr erthyglau gwreiddiol a arwyddwyd gan Roberts a phawb arall, wedi eu taflu dros ochr y llong, a gallai cynnwys y rhain fod yn fwy llym. Dywed yr awdur, Capten Johnson, 'roedd y gweddill yn cynnwys rhywbeth rhy arswydus i'w ddatgelu.'

Roedd nifer o Gymry yng nghwmni rhai o fôr-ladron enwocaf y cyfnod. Bu farw Owen Roberts, saer yng ngwasanaeth y môr-leidr Edward Teach (Thatch), Blackbeard ei hun. Capten *The Ranger* oedd James Skyrme, 'a *Welch Man*', a gollodd ei goes gan belen dân, ac er iddo ei cholli parhaodd i ymladd ar ei fonyn, gan wrthod triniaeth na chael ei symud oddi ar y dec. Bum niwrnod ar ôl curo Skyrme, dinistriwyd llynges Bartholomew Roberts gan yr un capten, Chaloner Ogle, a bu farw Roberts yn y frwydr.

Dienyddiwyd nifer o Gymry ymysg y 52 o griw Roberts a ddedfrydwyd i farwolaeth yn Capo Corso, Ghana ym 1722 – un ohonynt oedd Richard Hardy. Er ei fod wedi gwylio nifer o ddienyddiadau, pan glymwyd ei ddwylo tu ôl ei gefn, sylwodd fod y modd hwn o glymu ei ddwylo tu ôl iddo yn un na welodd erioed yn ei fywyd. Rhai eraill a fu farw yno oedd William Williams, a oedd yn ôl adroddiadau yn fud gan sioc pan ddienyddiwyd ef, George Smith, John Coleman a William Davies. Roedd parch mawr gan y criw at Bartholomew Roberts, a dywedodd Thomas Sutton wrth drafod y nefoedd gyda chyd-garcharor cyn ei arwain at y crocbren: 'Rho imi uffern, mae'n lle mwy hwyliog. Mi roddaf saliwt o 13 gwn i Roberts wrth y fynedfa.'

Môr-leidr enwog arall o Gymru oedd John Evans. Adlewyrchir trais y cyfnod yn yr yrfa fer a gafodd ym 1723, gan i'w ddiwedd ddod yn sydyn. Heriwyd John Evans i ornest gan fad-feistr. Derbyniodd yntau; ond pan dynnodd y bad-feistr allan o'r ornest, curodd Evans ef â chansen. Yna, tynnodd y bad-feistr bistol a saethu Evans yn ei ben. Lladdwyd y bad-feistr gan y criw yn syth, felly dyna'r ddau yn farw.

Rhan o griw'r môr-leidr Edward Low oedd y Cymry Edward Eaton o Wrecsam ac Owen Rhys o Forgannwg. Dienyddiwyd hwy ar 19 Gorffennaf 1723 ger Newport, Rhode Island. Un gŵr ffodus oedd Thomas Jones, 17 oed, o 'Flur Wales' (efallai Treflyn ger Caerffili) a farnwyd yn ddieuog.

Un arall o fôr-ladron enwocaf a mwyaf adnabyddus Cymru yn y cyfnod oedd Harri Morgan. Ei deitl cywir oedd 'anturiwr.' Fe'i ganwyd ym mhlasty Llanrhymni yng Nghaerdydd ym 1635. Hyd heddiw credir bod rhan o'i drysor ar goll ac yn aros i'w ddarganfod. Ysbeiliodd a llosgodd Ddinas Panama ym 1671. Llwyddodd y môr-ladron i ennill y frwydr, a threuliodd dynion Morgan wythnosau yn dwyn o'r ddinas, gan fynd ag arian a thrysor yn ôl i'w gadarnle ym mhentref Chagre. Amcangyfrifir fod ei werth oddeutu can miliwn o ddoleri. Gadawodd Morgan Chagre yn ddirgel gan fynd â'r rhan fwyaf o'r trysor gydag ef, a dywedir iddo fynd â'i drysorau i'r gogledd, yn ddiogel rhag y môr-ladron deheuol, cyn dychwelyd i Jamaica lle daeth yn ddirprwy lywodraethwr.

Roedd gan Morgan yr arweinyddiaeth, y sgiliau, a'r adnoddau i greu claddedigaeth gymhleth ar gyfer ei drysorau. Un o'r mannau a grybwyllwyd yw Oak Island, ynys ger Nova Scotia. Mae pwll dwfn ar yr ynys ac wrth i bobl gloddio ynddo mae dŵr yn ei ail-lenwi. Adnabyddir hwn yn lleol fel 'y pwll arian', a chredir bod trysor ynddo. Yn y *Boston Journal of Commerce* ym mis Rhagfyr 1922 o dan y teitl 'Buried Treasure', apeliodd Frederick Blair am arian i'w helpu i ddarganfod y trysor cuddiedig. Mewn erthygl gyferbyn adroddwyd bod Syr Edward (Harri) Morgan, yr anturiwr Cymreig, wedi cuddio ei drysor ddau gan mlynedd ynghynt ar Oak Island. Adroddodd A. S. Lowden, un o reolwyr Blair, stori ryfedd: ym 1895, cynhaliwyd seans, sef cyfarfod i geisio ymgysylltu efo'r meirw, gan alw ar ysbryd Captain Kidd, ac fe gyfathrebodd y môr-leidr drwy arwain dwylo'r bobl i ffurfio llythrennau ar y bwrdd. Yn y seans daethpwyd i'r casgliad fod arian wedi ei guddio yn Nova Scotia – Oak Island – gan James (sic) Morgan ym 1782 (yr enw a'r dyddiad yn anghywir!). Prin iawn yw'r dystiolaeth fod Morgan wedi bod yn agos i Oak Island, ond credir bod rhywfaint o drysor ar goll o hyd.

Felly, oeddech chi'n gwybod y gwir i gyd am y môr-ladron hyn – yn enwedig Barti Ddu a Harri Morgan, sy'n rhan o chwedloniaeth Cymru? Efallai yr hoffech daith i chwilio am drysor Harri Morgan – mi fyddai ei ddarganfod yn sicr yn newid bywyd unrhyw un fyddai'n ddigon ffodus i wneud hynny.

Darllen Pellach

Breverton, T. *Welsh Pirates and Privateers* (Gwasg Carreg Gwalch, 2018)

Johnson, C. *A General History of the Robberies and Murders of the Most Notorious Pyrates* (1724)

Sullivan, R. *The Curse of Oak Island* (Gwasg Grove, 2020)

Rhagweld Marwolaeth

Profiad cyffredin i bobl yng Nghymru yn y gorffennol oedd gweld canhwyllau corff. Golyga hynny eu bod yn rhagweld marwolaeth, a'r rheini'n aml yn deulu, cymdogion a chydnabod.

Ydach chi erioed wedi gweld cannwyll gorff? Ddim yn siŵr ... ddim yn siŵr be ydi cannwyll gorff?

Wel, goleuadau lliwgar oedd y rhain yn teithio ar hyd lonydd tawel Cymru ac yn dilyn gorymdaith angladdol i'r eglwys. Weithiau byddent yn newid cyfeiriad, fel byddai'r cynhebrwng, i osgoi pyllau neu dyllau yn y ffordd. Roedd maint a lliwiau'r goleuadau yn arwyddocaol iawn ac yn codi arswyd ar bobl wrth iddynt ragfynegi pwy oedd i adael y fuchedd hon. Os oedd y golau yn fawr ac yn goch, dynodai hyn mai dyn oedd i farw. Roedd golau gwyn mawr yn rhagfynegiad y byddai gwraig mewn oed yn marw. Golygai golau bach glas y byddai plentyn neu lanc yn marw, ac roedd dau olau gwyn o wahanol feintiau yn rhagweld marwolaeth gwraig a phlentyn heb ei eni.

Gwelai rhai pobl rywbeth tebyg i benglog yn cario'r gannwyll, eraill yn gweld siâp y person oedd yn mynd i farw'n cario'r gannwyll rhwng ei fysedd, ac yn dal y golau o flaen ei wyneb. Adroddai rhai iddynt weld siâp y rhai oedd i'w claddu. Byddai ambell gymeriad yn ceisio cyffwrdd y goleuadau, fel y morwr meddw o Borth a geisiodd oleuo ei bib â golau'r gannwyll. Fe'i trawyd nes iddo'i ddarganfod ei hun ar ochr y ffordd yn y gors. Cafwyd rhybudd yn y *Pembrokeshire Herald* yn Awst 1885: 'Mae gan y goleuadau dirgel hyn bŵer mawr; os ydyn nhw'n taro unrhyw un, mae'n cwympo'n farw, ac mae'r sawl sy'n eu taro'n hoedennaidd yn cael ei daflu i'r llawr.' Trueni na welodd y morwr llawen y rhybudd cyn mentro!

Un o'r cyfeiriadau cyntaf at y gannwyll gorff a geir mewn llenyddiaeth yw llyfr Richard Baxter ym 1691, *The Certainty of the Worlds of Spirits*. Ynddo, mae llythyr gan Richard Davis o Enau'r Glyn, a ysgrifennwyd ym 1656, sy'n cynnwys hanesion am y gannwyll gorff yng Nghymru, ac sy'n nodi, 'y maent yn gyffredin yn y tair sir hyn, sef Aberteifi, Caerfyrddin a Phenfro, ac fel y clywaf, mewn rhyw rannau eraill o Gymru.'

Ceir un stori hynod o drist am wraig yn gorwedd yn ei gwely ac yn gweld cannwyll fach lasgoch ar y bwrdd gerllaw. O fewn deuddydd, daeth dyn i mewn, gan ofyn am weld ei gŵr. Estynnodd rywbeth allan o dan ei glogyn, a'i osod i lawr yn union ar y bwrdd lle gwelsai'r gannwyll. Corff marw baban ydoedd.

Dywed hefyd am Jane Wyatt, ei chwaer yng nghyfraith, oedd yn nyrs i dri phlentyn hynaf barwn yn Llangathen, tua 1622. Yn hwyr un noswaith edrychodd i'r siambr lle'r oedd y morwynion yn cysgu, a gwelodd bum golau gyda'i gilydd. Ymhen ychydig amser ar ôl hyn, yr oedd y siambr yn cael ei phlastro o'r newydd, a thân wedi ei gynnau mewn grât fawr i brysuro sychu'r calch. Aeth y pum morwyn i'w gwelyau, a thrannoeth, yr oeddynt oll wedi marw, wedi mygu yn eu cwsg efo ager o'r calch wrth iddo sychu yng ngwres y tân.

Ymhelaethwyd ar rai o'r hanesion am y gannwyll gorff yng nghyfrol y Parch Edmund Jones, *A Relation of Apparitions of Spirits in the County of Monmouth and Principality of Wales* (1780).

Roedd William John, gof o blwyf Llanboidy, yn dychwelyd adref un noson, rywfaint yn feddw ac ychydig yn feiddgar, pan welodd gannwyll gorff, a mentrodd fynd i gwrdd â hi. Wrth ddod yn nes gwelodd y golau'n

claddu i'r ddaear, a gallai weld corff marw ar elor, yn dal cannwyll rhwng ei fysedd blaen. Roedd yn debyg i fenyw yn y gymdogaeth yr oedd yn ei hadnabod, a honno'n gwenu'n arw arno. Cafodd ei daro i lawr o'i geffyl, a bu yno am ychydig, yn sâl iawn. Yn fuan wedyn claddwyd y fenyw.

Ceir llawer o adroddiadau papur newydd gydol y 19eg ganrif sy'n cynnwys atgofion pobl o weld y gannwyll gorff. Ym 1939, yng nghylchgrawn *Heddiw*, ceir adroddiad am hen wraig yn cerdded adre yn hwyr un noswaith o Fwlchgraig i'w chartref ar ffarm Nantcwnlle oedd uwchben mynwent yr eglwys, heibio i'r Fron Goch, a'r nos yn dywyll fel y fagddu. Wedi dod i fuarth y Fron Goch gwelodd olau bach yn dod allan o'r tŷ, ac yn mynd o'i blaen, ac fe'i dilynodd bob cam adre. Aeth y golau i mewn i'r eglwys nes goleuo'r holl le am funud, ac allan wedyn i fan neilltuol yn y fynwent, cyn diflannu. Ymhen rhyw wythnos wedyn, yr oedd angladd yn dod o'r Fron Goch i'r union fan hwnnw ym mynwent Nantcwnlle.

Bu adroddiad arall am Shan Dafis oedd yn forwyn cyn 1820 ym mhlasty Abergorci (ger Aberpennar). Dywedodd ei bod yn gallu gweld canhwyllau corff, wrth iddi syllu o'r beudy, yn aml yn teithio i lawr blaen y cwm, a bod cynifer ohonynt nes bod y gwas yn medru 'bwydo'r anifeiliaid yn y beudy heb gynnu'r lantarn.'

Ceir nifer o adroddiadau llygad dystion a chan rai oedd yn cofio hanesion gan eu cyndeidiau. Sonia Owen Evans, oedd dros ei 90 oed, am brofiad ei dad ym mhentref Silian ger Llanbedr Pont Steffan.

Wrth i ddyn ieuanc fynd i mewn i'r fynwent un noswaith gyda'r bwriad o fynd i'r eglwys i ymuno â'r dosbarth canu, yr oedd braidd yn gynnar, ond gallai weld golau yn yr eglwys drwy un o'r ffenestri, ac aeth at y drws gan feddwl fod y canu wedi dechrau. Er mawr syndod iddo roedd y drws wedi ei gloi, ac wrth iddo edrych i mewn drwy dwll y clo ni welai neb y tu mewn i'r eglwys. Yna aeth y llanc i dŷ tad Owen Evans, lle cadarnhaodd Mr Evans bod yr eglwys ar glo gan mai ef oedd ceidwad yr allwedd. Aeth y ddau ŵr i'w hagor gyda'i gilydd, ac fel yr oeddynt yn nesáu, sylwasant ar olau yn dod o'r eglwys. Symudodd y golau hwn yn araf tuag at ran arbennig o'r fynwent, a dilynodd y ddau ddyn ef a'i wylio nes iddo ddiflannu'n sydyn i'r ddaear. Defnyddiodd y dyn ifanc ffon i greu marc ar y ddaear lle suddodd y golau. Yn fuan wedi hyn claddwyd person yn yr union fan lle'r oedd y dyn ifanc wedi marcio'r ddaear â'i ffon.

Nid oedd pawb yn hapus gyda'r pwyslais hwn a roddwyd ar bethau goruwchnaturiol. Cofnododd gohebydd y *South Wales Echo* yn Awst 1897, 'Mae cannoedd o bobl yng Nghymru heddiw sy'n credu yn yr ofergoeledd hurt hwn. Er gwaethaf ein holl fanteision addysgol mawreddog, mae ofergoeliaeth yn dal yn rhemp.'

Ymateb y Parch Edmund Jones yn ei lyfr i geisio esbonio sut y daeth yr hen bobl i gredu yn y gannwyll gorff oedd ceisio profi bod Dewi Sant ei hun wedi gweddïo am ffafr arbennig i'r Cymry gael rhybudd neilltuol o'u marwolaeth, a dyna'r ffordd, meddai ef, y daeth y gannwyll gorff i feddyliau'r hen bobl. Soniodd hefyd na allai'r goleuadau fod yn dod o gyfeiriad Satan, gan mai dim ond Duw fyddai'n gwybod tynged pawb, a'r troadau y byddai'r arch wedi eu cymryd ymlaen llaw.

Ceisiodd rhai roi dehongliad Cristnogol i'r ofergoeliaeth, a gwelwyd lleihad yn y nifer o adroddiadau am y gannwyll gorff gyda thyfiant Cristnogaeth yn y 19eg ganrif, a'r farn oedd nad oedd angen yr arwyddion hyn am farwolaeth bellach oherwydd y ffydd newydd. Un eglurhad arall oedd bod y traddodiad o arwain gorymdaith angladdol gan olau cannwyll wedi creu argraff ddwys ar feddyliau rhai o'r Cymry, ac mai atgof o hyn oedd y canhwyllau i rai.

Erbyn heddiw, awgrymir pethau fel peli mellt ac effaith nwyon methan a gynhyrchir drwy ddadelfennu deunydd organig sydd mewn corsydd fel esboniadau am y gannwyll gorff, sy'n ogwydd mwy gwyddonol ar yr hyn fu yn rhan bwysig o draddodiad ein cyndadau.

Darllen Pellach

Davies, J. C. *Folkore of West and Mid Wales* (Aberystwyth, 1911)

Jones, E. *A Relation of Apparitions of Spirits in the Principality of Wales* (1780)

Owen, E. *Welsh Folklore* (Woodhall, Minshall & Co, Croesoswallt a Wrecsam, 1896)

Sikes, W. *British Goblins: Welsh Folk Lore, Fairy Mythology Legends and Traditions* (Llundain, 1880)

Pobl Cymru'n Dilyn Jack the Ripper

Bu farw pump o ferched diniwed ar strydoedd tywyll Whitechapel, a hynny o dan law y llofrudd enwog Jack the Ripper. Derbyniodd yr heddlu ac asiantaethau'r wasg lythyrau yn honni eu bod gan y llofrudd ei hun, a bu diddordeb mawr yng Nghymru yn y gweithredoedd dieflig. Cynyddodd y diddordeb pan adroddwyd bod un o'r dioddefwyr, Mary Kelly, yn medru'r Gymraeg ac wedi byw am gyfnod yng Nghymru.

Cafodd digwyddiadau trasig y llofruddiaethau yn Whitechapel ym 1888 effaith ddwys ar drigolion Dwyrain Llundain, ond drwy boblogrwydd y papurau newydd a chynnydd yn llythrennedd y boblogaeth, cyrhaeddodd y newyddion am y llofruddiaethau rannau eraill o Brydain o fewn diwrnod hefyd. Dilynwyd hanes y digwyddiadau erchyll yn frwd iawn yng Nghymru drwy adroddiadau yn y wasg Gymreig, a gallwn weld sut yr effeithiodd y newyddion ar bobl, ac mewn rhai achosion, sut y dylanwadwyd ar eu hymddygiad tuag at eraill yn eu cymuned. Maent yn rhoi cipolwg ar agweddau cymdeithasol ac ymddygiad pobl sydd ymhell o'r digwyddiadau yn y brifddinas.

Roedd y 1880au yn gyfnod o newid cymdeithasol a gwleidyddol yng Nghymru, yn gyfnod o drawsnewid cymdeithas wledig yn bennaf i fod yn gymdeithas wedi'i seilio ar ddiwydiant trwm – glo a dur yn y de. Ystyrid y cyfnod hwn yn oes aur i gyhoeddi yng Nghymru, a gwasanaethwyd ardaloedd diwydiannol de Cymru yn dda gan y *Western Mail, South Wales Echo, South Wales Daily News* a'r *Cardiff Times*. Roedd gan y mwyafrif o bapurau newydd Cymraeg olwg radical ar ddigwyddiadau, ac roeddent yn cynnwys *Baner ac Amserau Cymru, Y Celt, Y Dydd* a'r *Drych*, a gyhoeddwyd yn America. Roedd gan leisiau radical ddewis o gyhoeddiadau i fynegi eu barn. Yn yr awyrgylch dwymynol hwn y dechreuodd yr adroddiadau cyntaf am erchyllterau Whitechapel gyrraedd Cymru.

Cyfeiriai papurau newydd Saesneg yng Nghymru at y llofrudd fel Jack the Ripper. Rhoddodd papurau newydd Cymraeg eu henwau eu hunain i'r llofrudd, ond roedd pob un yn amrywiadau ar yr enw Saesneg 'Jack', a chyfieithiad llythrennol o 'Ripper'. Defnyddiodd *Baner ac Amserau Cymru* a llawer o bapurau eraill 'Jack y Rhwygwr', ond mewn rhai eraill defnyddiwyd 'Siôn y Rhwygwr'. Roedd rhai sylwebyddion yn anhapus iawn ynglŷn â defnyddio'r Gymraeg i enwi rhywun mor farbaraidd. Cwynodd un: "Siôn y Rhwygwr' – enw clasurol y mae'r prifathro (cyfeiriad at Michael D. Jones) yn ei roddi ar y llofrudd Llundeinig. O'n rhan ein hunain, buasem yn ei adael yn ei wisg Seisnig, 'Jack the Ripper', ac yn cadw'r Gymraeg lân yn bell oddi wrtho.'

Adroddwyd yn fanwl yn y ddwy iaith, ac roedd disgrifiadau graffig o'r mannau lle digwyddodd y llofruddiaethau, yn enwedig yn Mitre Square a Miller's Court, mannau marwolaethau Elizabeth Stride a Mary Kelly. Cyhoeddwyd mapiau manwl o'r strydoedd o amgylch lleoliadau'r llofruddiaethau, a hysbyswyd y darllenwyr o amgylchfyd y llofrudd. Argraffwyd mapiau o Mitre Square, Goulston Street a Dorset Street.

Cynyddwyd y diddordeb pan gyhoeddodd papurau Cymru luniau o ddyn a welwyd cyn un o'r llofruddiaethau, a hefyd gopïau o lythyrau honedig a anfonwyd gan Jack the Ripper i wawdio'r heddlu. Roedd y delweddau cyntaf o'r person a ddrwgdybiwyd, ac a ymddangosodd mewn sawl papur, yn seiliedig ar ddisgrifiad Mathew Packer o'r dyn a welodd ychydig cyn llofruddiaeth Elizabeth Stride.

Cyfieithwyd cynnwys y myrdd o lythyrau a anfonwyd at yr heddlu ac asiantaethau eraill i'r Gymraeg i'w darllen gan y cyhoedd eiddgar. Adroddwyd yn eang am y llythyr 'Dear Boss', a anfonwyd at yr Asiantaeth Newyddion Canolog. Mae'r geiriau yn frawychus ar ôl dros ganrif. Rhoddodd y papurau Cymraeg gyfieithiadau o dan y penawdau, 'Y Llythyr Rhyfedd', a 'Llofrudd Tybiedig'. Dyma adroddiad a ymddangosodd yn *Baner ac Amserau Cymru* (yn yr orgraff wreiddiol):

Y Boss Anwyl, 25ain Medi – Yr wyf yn parhau i glywed fod y plismyn wedi nal i; ond nid felly am dipyn etto. Chwerthin yr oeddwn i pan yr oeddynt hwy yn edrych mor gall, ac yn sôn eu bod ar yr iawn drac. Yr oeddwn bron myned i ffitiau wrth glywed yr helynt a wnaed ynghylch y Ffedog Ledr. Yr wyf fi yn elyn perffaith i ____ (gair heb ei gynnwys, ond y gair gwreiddiol oedd 'whores', efallai nad yn air addas i ddarllenwyr y cyfnod) ac ni roddaf i fyny eu hagor nes y byclir fi. Gwaith ardderchog oedd y job ddiweddar yna. Chafodd hi ddim egwyl i roi cymmaint a sgrech. Sut y gallant fy nal yn awr? Yr wyf yn caru fy ngwaith, ac eisieu dechreu arno etto. Chwi gewch glywed am danaf fi a'm chwareuon bychain digrif yn fuan etto. Mi gedwais beth o'r stwff coch goreu ar y job olaf yna mewn potel gingerbeer i ysgrifennu ag ef; ond mi dewychodd fel glue, ac nis gallaf wneyd defnydd o honno. Y mae inc coch yn ddigon da, gobeithio – Ha! Ha! Y job nesaf a wnaf, mi glipiaf glustiau y ferch fonheddig i ffwrdd, ac mi a'i hanfonaf i'r plismyn, er mwyn sport. Fuasech chwi ddim yn gwneyd? Cedwch chwi y llythyr yma nes y byddaf fi wedi gwneyd tipyn chwaneg o waith, wedyn, allan â fo ar ei union. Y mae fy nghyllell mor dda ac mor finiog fel y mae arnaf eisieu myned at fy ngwaith heb ddim lol pe cawn i siawns. Lwc dda. Yr eiddoch yn gywir, Jac y Rhwygwr. Peidiwch meindio rhoi enw fy nghrefft i mi. Doeddwn i ddim yn ddigon iach i bostio y llythyr yma yn gynt, ac heb gael yr inc coch i gyd oddi ar fy nwylaw melldith arno. Dim lwc eto. Maent yn dyweyd yn awr mai doctor ydwyf. Ha! Ha!

I ychwanegu at y cyfan, dyma'r tro cyntaf i'r enw Jack the Ripper gael ei ddefnyddio, ac wrth gwrs cydiodd yr enw yn nychymyg pobl. Mae'r llythyr yn parhau i oeri'r gwaed hyd heddiw. Adroddwyd hefyd bod ymgais wedi bod i geisio torri clustiau Catherine Eddowes yn Mitre Square, gan ychwanegu at y teimlad ei fod yn llythyr dilys.

Anfonwyd llythyr arall at George Lusk, Llywydd Pwyllgor Gwyliadwriaeth Whitechapel, yn Hydref 1888. Mae adroddiad o'r *Llan* yn datgan: 'Derbyniodd Lusk y llythyr canlynol mewn bocs oedd hefyd yn cynnwys darn o aren:

O Uffern. Mr. Lusk. – Syr – Yr wyf yn anfon haner yr elwlen gymerwyd o un ddynes. Cedwais hi i chwi. Darfu i mi ffrïo y darn arall a'i fwyta; yr oedd yn nice iawn. Efallai yr anfonaf y gyllell waedlyd a'i cymerodd allan o'r byd i chwi aros ychydig yn ychwaneg. (Arwyddwyd) DALIWCH FI PAN Y GELLWCH. Mr. Lusk.

Mae'n debyg mai codi braw ar y darllenydd oedd pwrpas y canlynol: 'Y mae yr elwlen wedi ei archwilio gan feddygon, ac fe ganfuwyd mai un ddynol ydoedd. Yn wreiddiol roedd Lusk yn credu mai aren ci oedd yn y bocs.'

Adroddwyd hefyd yng Nghymru am lythyr anfonwyd i ferched ffatri matsis Bryant a May o dan y pennawd: 'Match Girls Threatened'. Nododd yr adroddiad fod y Meistri Bryant a May wedi derbyn llythyr yn bygwth y merched oedd yn gweithio yno. Roedden nhw wedi bod yn y newyddion ym mis Gorffennaf pan oedd llawer o'r menywod wedi mynd ar streic oherwydd yr amodau gwaith gwael yn y ffatri, gan gynnwys diwrnodau gwaith pedair awr ar ddeg, cyflogau gwael, ac amodau iechyd a diogelwch difrifol i weithio ynddynt. Roedd y llythyr a dderbyniwyd yn nodi: 'Rwyf trwy hyn yn hysbysu fy mod yn mynd i dalu ymweliad â'ch merched. Rwy'n deall eu bod yn dechrau dweud beth fyddant yn ei wneud gyda mi. Rwy'n mynd i weld beth sydd gan ychydig ohonyn nhw yn eu stumogau, a byddaf yn ei dynnu ohonyn nhw, fel na allan nhw gael mwy i'w wneud yn y tawelwch. (Llofnodwyd) John Ripper. P. S.: Rydw i yn Poplar heddiw.'

Dyma rai o'r llythyrau cyntaf i gael eu hatgynhyrchu yn y papurau newydd a chan eu bod mor adnabyddus ymysg y cyhoedd, arweiniodd at lawer o gopïo'r ymadroddion allweddol ynddynt i setlo sgoriau neu anghydfodau lleol.

I ychwanegu at densiynau'r cyfnod adroddwyd yn helaeth am un o'r ychydig gliwiau efallai a adawyd gan y llofruddiwr. Yn fuan ar ôl llofruddiaeth Catherine Eddowes yn Mitre Square, darganfuwyd darn o ffedog waedlyd ger mynedfa Adeiladau Wentworth ar Goulston Street. Adroddwyd ar y pryd i'r llofrudd olchi gwaed o lafn ei gyllell arni. Hefyd, tu mewn i'r fynedfa i'r tai, ysgrifennwyd mewn sialc y geiriau, 'The Juwes (er mae rhai yn dweud sillafwyd Jews) are not the men that will be blamed for nothing.' Fel yr adroddodd *Y Werin*: 'Yn agos i'r man lle y darganfyddwyd corph un o'r merched llofruddiedig. 'Nid am ddim y caiff yr Iuddewon eu beio.' Ar y mur yr oedd y geiriau hyn wedi eu hysgrifennu. Yn anffodus, gorchymynnodd rhyw heddwas eu golchi ymaith ag ysbwng; ond dywed y rhai a'u gwelsant, fod y llawysgrif yn hollol gyffelyb i eiddo 'Jac y Rhwygwr.''

Roedd amodau byw'r tlawd yn Whitechapel yn erchyll. Byddai'n rhaid i'r tlotaf dalu pedair ceiniog y noson i gysgu mewn neuadd fawr yn y lletty neu *doss house*. Os nad oedd gennych bedair ceiniog, byddai dwy geiniog yn caniatáu ichi osod eich breichiau dros raff a ymestynnwyd ar draws y neuadd gysgu. Disgrifiodd yr awdur Jack London lymder bywyd tlawd Whitechapel yn ei lyfr *People of the Abyss* (1902), gan ddisgrifio'r frwydr ddyddiol i sicrhau gwaith a lle i gysgu. Cysgai rhai yn y parciau neu yn nhir eglwys Christ Church yn Spitalfields. Os chwalai perthynas doedd ddim llawer o opsiynau i ferched ennill arian yn annibynnol, gan mai prin iawn oedd cyfleodd gwaith yn Nwyrain Llundain, ac i nifer, yr unig opsiwn oedd gwerthu eu hunain am bedair ceiniog am wely. Byddai pobl yn gwisgo a chario eu holl eiddo gyda hwy bob dydd.

Un o ddioddefwyr Jack the Ripper a ddenodd sylw arbennig yn y wasg yng Nghymru, am yr honnid ei bod yn medru'r Gymraeg, oedd Mary Kelly. Cafwyd adroddiad am ei marwolaeth yn *Baner ac Amserau Cymru*, 17 Tachwedd 1888. Mary Kelly oedd y ddiwethaf a'r ifancaf i gael ei llofruddio. Roedd hi tua 25 mlwydd oed, a'r unig un a lofruddiwyd o fewn adeilad yn Miller's Court. Ganwyd Mary Kelly, a ddefnyddiai'r enw Marie Jeannette weithiau, yn Limerick yn Iwerddon. Symudodd gyda'i thad i Gaerfyrddin, a phriododd löwr o'r enw Davies pan oedd hi'n 16 oed. Yn anffodus bu farw Davies mewn tanchwa yn fuan wedyn. Mae bywyd cynnar Mary Kelly yn dibynnu'n llwyr ar dystiolaeth Joseph Barnett, ei chariad achlysurol. Ychwanegodd rhai adroddiadau cynnar yn y wasg fod gan Mary Kelly blentyn oedd tua 6 neu 7 oed. Adroddodd *Y Dydd*, 'yr oedd Kelly yn ddiweddar wedi bod mewn amgylchiad cyfyng iawn, yn gymaint felly fel yr adroddir iddi ddweud wrth gyfeilles iddi, y byddai iddi roddi terfyn ar ei hoedl, am nas gallai oddef edrych ar ei bachgen yn newynu.' Fodd bynnag, adroddodd y *South Wales Echo* fod ymholiadau pellach yn dangos nad plentyn Kelly oedd y bachgen oedd yn aros gyda hi, ond plentyn menyw oedd wedi aros gyda hi ar sawl achlysur.

Bu cryn drafodaeth am iaith Mary Kelly hefyd, ac adroddodd *Y Genedl Gymreig*, 'dywedir mai Cymraes ydoedd y drancedig, a thystiai rhai o'i chymdogion ei bod yn gallu siarad Cymraeg yn llithrig.' Yn *Seren Cymru* ysgrifennwyd, 'Dywedir ei bod yn siarad Cymraeg, ac wedi bod yn byw yn Sir Caerfyrddin, ac yng Nghaerdydd, ond Gwyddeles oedd yn ddiamheuaeth.' Ymddangosodd un pennawd, 'Diwedd Truenus Cymraes', oedd yn cyd-fynd â hyn, a bu nodyn trugarog iawn yn *Baner ac Amserau Cymru* yn Nhachwedd 1888, 'Ond nid oes wahaniaeth pa un ai Gwyddeles, Cymraes, neu Saesnes, ydoedd, y mae bywyd y naill un gymaint gwerth a bywyd y llall, a gresyn ydyw na ellid dyfod o hyd i awdwr neu awdwyr yr echryslonderau ofnadwy hyn.'

Ymchwiliodd Paul Williams yn fanwl i hanes bywyd cynnar Mary Kelly gyda'i chysylltiadau â Chaerdydd ac Abertawe; ac awgryma efallai nad yw manylion bywgraffyddol Mary Kelly fel y'u cafwyd gan Joseph Barnett yn gywir. Serch hyn, mae'r hanesydd Hallie Rubenhold yn dangos y gellid dadlau bod Kelly wedi derbyn addysg. Mae'r ffaith ei bod yn medru darllen ac yn arlunydd da yn dangos medrusrwydd, a doedd dim acen Wyddelig na Chymreig amlwg ganddi, ac yn tystio efallai iddi gael gwersi mewn areithyddiaeth, a fyddai'n lleihau rhywfaint ar ei hacen.

Adlewyrcha bywyd Mary Kelly pa mor anodd oedd bywyd i ferched ifanc yn y cyfnod, ac yn enwedig i weddwon. Prin iawn oedd yr opsiynau oedd ar gael iddi ar ôl marwolaeth ei gŵr. Yn ôl Barnett, cyflwynwyd Kelly i fywyd o buteindra gan ei chyfnither yng Nghaerdydd, ac oddi yno, teithiodd i Lundain, ac yn raddol aeth yn ddyfnach i'r bywyd o buteindra hwnnw. Treuliodd bythefnos yn Ffrainc gyda chleient, ond dychwelodd yn fuan i Lundain, a gallai hyn egluro ei defnydd o'r enw Marie Jeannette.

Un rheswm am y dirgelwch mawr ynglŷn â llofruddiaeth Mary Kelly, yw'r adroddiadau fod unig glo'r drws yn bendant wedi ei folltio o'r tu mewn yn yr ystafell fechan, ond roedd ffenest doredig yn caniatáu i law ymestyn drwyddi i dynnu'r clo. Darganfuwyd olion tân yn y grât a darnau o ddillad llosg a boned. Roedd y fflamau mor ffyrnig nes iddynt lwyddo i doddi solder dolen a phig tegell oedd ar y tân. Yn rhyfedd iawn, tystiodd tri llygad dyst iddynt weld Kelly rhwng 8 a 10 ar y bore wedyn, ar ôl i brofion meddygol gadarnhau ei marwolaeth. Yn y cwest a gynhaliwyd ar 12 Tachwedd 1888, dywedodd Caroline Maxwell, gwraig Llety Dorset Street, er nad oedd yn nabod Mary Kelly yn dda, a heb ei gweld am dair wythnos, iddi ei gweld a chyfathrebu gyda hi am tua 8:30 y bore hwnnw. Honnodd i Mary Kelly ddweud wrthi: 'Oh, I do feel so bad. Oh, Carry I feel so bad!' Gwisgai Mary sgert dywyll, top melfed a siôl frowngoch, ond dim het.

Mae Cymreictod Mary Kelly hefyd wedi bod yn arwyddocaol wrth gysylltu dau berson a enwyd gan rai ymchwilwyr fel y llofruddwyr, y ddau yn Gymry Cymraeg, sef Lizzie Williams a'i gŵr John Williams. Awgryma un theori bod Lizzie wedi siarad Cymraeg â Mary Kelly, ac yn esbonio pam yn nhystiolaeth Caroline Maxwell yn y cwest y dywedodd hithau iddi siarad â Mary Kelly yn Gymraeg, ychydig oriau ar ôl i feddygon ddatgan amser ei marwolaeth. Wrth gofio'r geiriau a ddywedodd Kelly wrth Caroline Maxwell, sef, 'Oh, Carry I feel so bad,' mae'r theori yma yn awgrymu i Lizzie Williams wisgo dillad Mary Kelly a llosgi ei dillad ei hun gan achosi'r tân ffyrnig. Cam-glywodd Maxwell y gair 'Carry' am y gair 'cariad'. Cyfaddefodd Maxwell nad oedd hi'n adnabod Kelly yn dda, ac yn synnu ei bod yn gwybod ei henw. Enwyd gŵr Lizzie, Dr John

Williams, hefyd fel cyflawnwr posib i'r drosedd. Yr oedd yn feddyg yn Nwyrain Llundain, ac wedi cael perthynas gyda Mary Kelly. Nid oes cefnogaeth i'r ddamcaniaeth hon.

Bu llawer o gam gyfeiriadau yn y papurau newydd yng Nghymru'r cyfnod, y mwyafrif ohonynt ar ôl marwolaeth Mary Kelly yn sôn am y llofrudd fel un a laddodd saith. Yn ychwanegol at y pum dioddefwraig y sonnir amdanynt heddiw o dan law'r llofrudd, ychwanegwyd dwy arall, sef, Emma Elizabeth Smith a Martha Tabram. Yn y cyfnod roedd peth dryswch wrth enwi'r dioddefwyr. Cyfeiriodd *Y Celt* at y ddioddefwraig gyntaf fel 'Mrs Osbourne yn Wentworth Street, Whitechapel,' a gafodd ei lladd ar 'y gwyliau diwethaf.' Byddai hyn ar Ŵyl y Banc ym mis Awst, ond roedd Gŵyl y Banc ar 2 Ebrill, a dyna pryd yr ymosodwyd ar Emma Elizabeth Smith yn Osborne Street, yn oriau mân y bore ar 3 Ebrill. Awgrymodd papur arall fod llofruddiaeth Emma Smith 'last Christmas week.' Mae un papur newydd Cymraeg mor gynnar â Hydref yn cyfeirio at Martha Turner (Tabram) fel dioddefwraig gyntaf Jack the Ripper.

Fel canlyniad i'r disgrifiadau a'r darluniau a ymddangosodd mewn papurau o'r rhai a amheuwyd ar ddechrau Hydref 1888, cafodd sawl person diniwed eu haflonyddu a'u bygwth gan i bobl feddwl eu bod yn llofruddwyr. Roedd unrhyw un yn cario bag du neu gydag ymddangosiad 'amheus' yn darged i'r dorf. Dangoswyd diddordeb brwd yn y llofruddiaethau yng Nghymru, a daeth hyn yn amlwg mewn un digwyddiad. O dan y pennawd, 'Alleged Jack the Ripper at Cardiff' adroddwyd yn y *South Wales Daily News*, 'Excitement was caused in the usually calm retreat known at Cardiff as Tiger Bay by a report that 'Jack the Ripper' was in the neighbourhood and prowling about for prey.' Ychwanegodd y gohebydd, 'imagination seized upon the statement.' Taenodd si fod gan y dyn lafn hir disglair wedi'i guddio yn ei gôt a bod ganddo, 'rythiad dieflig'. Amgylchynwyd y dyn diniwed, oedd yn digwydd bod yn cerdded yn yr ardal, gan dorf o ddau gant o ddynion, menywod a bechgyn, ac aethant ymlaen wedyn i fynd ar ei ôl, ei daro, taflu cerrig ato, ac yna ei daflu i'r gamlas sawl gwaith. Llwyddodd y dyn, oedd heb ei enwi, i gyrraedd yr orsaf heddlu leol i gael lloches.

Adroddwyd am ddigwyddiad arall yng Nghaerdydd yn y *South Wales Echo* o dan y pennawd, 'Excitement at Roath.' Digwyddodd hyn ychydig wedi'r adroddiadau am farwolaeth Mary Kelly, pan oedd pobl yn ymwybodol o'r newyddion diweddaraf am y llofruddiaethau. Disgrifia'r erthygl i ddieithryn ymweld â salon trin gwallt lle y cyhoeddodd y gallai dorri gwddf merch heb i unrhyw waed fynd ar ei ddillad. Ffodd y dyn wedyn, ond lledaenodd sibrydion mai ef oedd Jack the Ripper, gan achosi llawer o bryder yn yr ardal.

Byddai cynnwys enw Jack the Ripper mewn penawdau yn ddigon i ddal sylw darllenwyr p'un a oedd cysylltiad â'r llofrudd ai peidio. O dan y pennawd, 'Playing at Jack the Ripper' cyhoeddwyd stori am Thomas Coleman – 'dyn garw o ran golwg' yn cael ei gyhuddo o fod yn feddw a chysgu ar lwybr camlas yn Church Street, Caerdydd. Ymatebodd yn dreisgar iawn tuag at gwnstabl heddlu a aeth ato. Cwynodd ei wraig yn ddiweddarach fod Coleman wedi dweud y byddai'n chwarae 'Jack the Ripper' gyda hi, gan awgrymu ei fod yn dreisgar tuag ati.

Yng Nghastell-nedd bu bron i ddyn diniwed gael ei ladd heb brawf. O dan y pennawd dramatig, 'Jack the Ripper at Neath' ymddangosodd dyn o 'exceedingly rough exterior' yn y Falcon Inn yn y dref, yn honni mai ef oedd Jack the Ripper. Ychwanegodd *Baner ac Amserau Cymru*: 'a dangosai gyllell fawr, gan ei throi oddi amgylch ei ben, a bygythiai dynnu allan ymysgaroedd benyw a adnabyddir wrth yr enw Nancy Bull.' Ceisiodd PC Jones fynd ag ef i orsaf yr heddlu, ond fe'i dilynwyd gan 'dorf fawr' oedd yn benderfynol o geisio lladd y carcharor. Yna, amgylchynwyd gorsaf yr heddlu gan y dorf ac roedd yn anodd i'r heddwas a'r carcharor fynd i mewn. Enwyd y carcharor fel Henry Vann, un a oedd heb gartref sefydlog.

Yng ngogledd Cymru hefyd roedd yr ofn ynglŷn â Jack the Ripper yn real iawn. Yn Wrecsam daethpwyd â chyhuddiadau yn erbyn John Mack a Thomas Owen am ymosod ar Mrs Richards o Westy'r Blossoms yn y dref, ar ôl i Mr Richards wrthod eu gwasanaethu. Ymosododd John Mack ar Mrs Richards a bygwth gweithredu fel 'Jack the Ripper' tuag ati. Anfonwyd Mack i'r carchar am bedwar mis o lafur caled.

Felly fe gododd y llofruddiaethau ofn ar lawer o bobl ymhell o

Whitechapel. Roedd y pryder yn real iawn, a byddai'r sibrydion a'r panig yn ymledu'n hawdd ac yn gyflym. Ceir nifer o adroddiadau yng Nghymru sy'n dangos sut y defnyddiai'r cyhoedd iaith y llythyrau i fygwth neu rybuddio eraill. Digwyddodd un achos o'r fath yn Aberdâr o dan y pennawd dramatig, 'Jack the Ripper at Aberdare. A Piece of Stupid Folly.' Cyhuddwyd Miriam Howells, o Benrhiwceibr, o anfon llythyrau 'ffelonaidd a maleisus' gan fygwth lladd Elizabeth Magor a Margaret Smith. Mae geiriad y llythyrau yn ddiddorol gan eu bod yn amlwg wedi copïo fformat llythyrau Jack the Ripper a ymddangosodd yn y wasg. Dyma'r llythyr at Mrs Magor:

Dear Mrs Boss, I mean to have your life before Christmas – I will play a ____ (gair ar goll yn yr adroddiad) of a trick with you, old woman. I played a good one on the last, but this will be better. Aint I clever? Believe me to remain yours for ever, JACK THE RIPPER. Beware.

Darllenai'r llythyr at Miss Smith fel hyn:

Dear Miss Boss. Before Sunday night I mean to have your life. I shall be upon you without your thinking. I will play a better trick with you than I did with the last one and that was clever. –Yours truly, JACK THE RIPPER. Beware.

Sylwer bod y llythyrau'n debyg o ran iaith ac arddull i lythyrau 'Dear Boss' a ymddangosodd yn y wasg yng Nghymru. Os oedd y llythyrau gan Jack, roedd yn amlwg yn gwybod am statws priodasol y menywod, a dangosent yn glir bod yr awdur yn nabod y ddwy ddynes. Cyfaddefodd Mrs Howells i'r llythyrau gael eu hanfon ganddi fel 'lark'. Roedd ei ffrindiau Polly Peak (a oedd yn byw gyda hi) a David Davies wedi eu postio ar ei rhan. Disgrifiodd y llys ymddygiad Mrs Howells yn hollol 'anfenywaidd'.

Ceir mwy o fanylion mewn adroddiad cyfoes arall. Yn ôl hwn, gofynnodd Mrs Howells i Davies a allai gadw cyfrinach, a phan ddywedodd y gallai, dywedodd wrtho ei bod wedi ysgrifennu llythyr Jack the Ripper fel jôc. Roedd y ddwy ddynes a oedd wedi derbyn y llythyrau yn poeni, ond bu Miss Smith yn 'chwerthin am y peth' pan ddaeth i wybod. Roedd Mrs Howells yn gymydog i Mrs Magor ac fe'i cythruddwyd gan y jôc, a gofynnodd i Mrs Howells ymddiheuro. Ymddiheurodd yn ysgrifenedig, a thalodd un gini i'r Sefydliad Cyhoeddus. Buan y cafodd y wasg afael ar y newyddion am y llythyrau a gwaethygodd pethau yn gyflym. Roedd hyn yn ofidus iawn i Mrs Howells, a phan siaradodd y plismon lleol PC Rees â hi, fe wnaeth hi lefain. Fe'i harestiwyd ychydig ddyddiau'n ddiweddarach ac yng ngorsaf yr heddlu cyfaddefodd iddi ysgrifennu'r llythyrau, a bod Davies a Polly Peek gyda hi ac wedi ei chynorthwyo. Roedd ganddyn nhw gopi o'r *Echo* ar y bwrdd, gyda 'Jack the Ripper's letter in it' a chyfaddefodd ei gopïo o'r papur.

Adroddwyd am ddiwedd yr achos o dan y pennawd, 'Jack the Ripper: The Termination of the Case in Aberdare.' Cyhoeddodd Mr North, yr ynad cyflogedig, eu bod wedi gorfod ystyried a oedd Mrs Howells wedi anfon y llythyrau at y menywod gyda'r bwriad o fygwth eu llofruddio.

Roedd angen ystyried a ddylent ei hanfon i dreial i'r brawdlys, ac os felly, byddai wedi bod yn bosibl iddi gael ei hanfon i gaethiwed oes fel cosb. Dywedodd yr ynad ei bod yn amlwg nad oedd wedi meddwl am yr effaith y byddai'r llythyr yn ei chael ar y menywod. Gwrthodwyd yr achos yn erbyn Mrs Howells, a gwelwyd bod Polly Peak a David Davies yr un mor gydran yn y pranc gwael.

Ysgrifennodd y papur newydd lleol yn Aberdâr gan greu'r argraff ei fod bron yn falch o'r mater, 'The case of Jack the Ripper that is our Jack the Ripper has been adjourned for another week.' Fe roddodd y farn resymegol, 'go brin ein bod yn credu bod yr ynadon eisiau ei hanfon hi am dreial,' a phwysleisio'r angen am stopio achosion tebyg rhag datblygu. Dangoswyd mai pryfocio oedd y bwriad, ond nad oedd difyrrwch o'r math hwn yn ddymunol o gwbl. 'Maent wedi bod yr un mor gythryblus â'r un 'Jack the Ripper' go iawn yn Llundain, a chymaint o rai ffug, nad ydym am glywed yr enw yn y rhan hon o'r wlad.' Er bod y stori wedi ymddangos yn ddibwys i ddechrau, gellid gweld sut roedd adroddiadau yn y wasg wedi dal sylw pobl. Roedd hefyd yn rhybudd ynglŷn â pha mor gyflym y gallai jôc droi'n chwerw. Rhoddodd sawl papur newydd sylw i'r stori, ac mae'n amlwg bod Mrs Howells wedi bod yn ffodus i beidio â derbyn dedfryd galetach.

Anfonwyd llythyrau gan eraill i unioni camweddau honedig yn y gymuned Gymraeg hefyd. Roedd achos trasig yn adrodd am ferch a gyhuddwyd o ysgrifennu llythyr bygythiol y Ripper at ei mam ei hun. Ychwanegwyd pennawd dramatig i werthu'r stori: 'Jack the Ripper at Swansea'. Roedd Ruth John (Pugh) wedi gwysio ei merch ei hun, Elizabeth Ann Davies, am feichiau heddwch. Dywedodd y fam fod ei merch wedi ei bygwth â llythyr 'Jack the Ripper' yn llawysgrifen ei merch gan ysgrifennu:

Dear Ruth, you take care of yourself. I am on your account before Sunday week. You have heard of 'Jack the Ripper,' I will rip you open in the lane close to the house. Mind yourself, I am going to call on Mrs Pugh. I am down on _____ (mae hyn yn ddiddorol oherwydd ni phrintiwyd y gair 'hwren' ym mhapurau Cymru, ac roedd y gair ar goll o lythyr 'Annwyl Bos') you as you do hear. I will poodle Mrs Pugh first, as she is fresh. There will be no more about the both of you in a fortnight. –Yours, JACK RIPPER.

Cyfaddefodd Mrs Pugh ei bod wedi bod cyrraedd pen ei thennyn gyda'i thair merch, a bod yr heddlu wedi cael eu galw i ymyrryd yn aml. Gan nad oedd tystiolaeth i brofi bod y llythyr wedi'i ysgrifennu gan y diffynnydd, gwrthododd y fainc yr wŷs. Roedd y dewis o eirfa yn amlwg yn dilyn y llythyr 'Annwyl Bos,' oedd wedi'i gyhoeddi yn y wasg erbyn yr amser hwn.

Roedd pennawd arall, 'Jack the Ripper in the Rhondda, A Singular Letter' yn adrodd achos John Jones, o Donypandy yn Nhŷ'r Llys ym Mhontypridd, oedd wedi ei ddedfrydu i garchar am ddeufis gyda llafur caled am anufuddhau i orchymyn tadogaeth a wnaed yn ei erbyn gan Mary Lewis o Donypandy. Roedd y llythyr bygythiol a anfonwyd gan Jones yn cwestiynu rhiant y plentyn. Yn ystod y gwrandawiad, dywedodd Mr Rosser, a ymddangosodd ar ran yr achwynydd, fod y diffynnydd wedi ysgrifennu'r llythyr canlynol ati:

Novr. 26th, 1888. London Town. I hav hear that you are going hon same same has these Girls That i do Rip up In London. But if you honte be quaited and leve John Jones alone, has he his not your chirl his Father, becouse you cannot tell who his the Right Father, and i Hear enything of you agin, i will come and Rip up next Week. sing (sic) by JACK THE RIPPER. Will come to Court st.

Ni dderbyniodd unrhyw gydymdeimlad, ac o dan y pennawd, 'Serve Him Right,' adroddodd un papur newydd yng ngogledd Cymru fod y glŵr yng Nghwm Rhondda oedd wedi anfon llythyr 'Jack the Ripper' at ddynes ifanc wedi ei anfon i'r carchar am ddau fis.

Bu adroddiadau eraill am droseddau o dan law Jack the Ripper. Dychrynwyd y wasg Gymraeg yn enwedig gan lythyr a anfonwyd at gapel anghydffurfiol yn Hope Street yn Wigan. Roedd anghydffurfiaeth yn amlwg iawn ym mywyd cyhoeddus Cymru ym 1888. Datgelodd un adroddiad fod ysgrifennydd y pwyllgor adeiladau wedi derbyn llythyr. Dyma'r adroddiad:

LLADRAD DIRMYGUS. Rhwng nos Sadwrn a bore Sul symudwyd y maen coffadwriaethol o'i le yn Hope Chapel, Wigan, yr hwn a osodwyd yn ei le gyda rhwysg ychydig ddyddiau yn flaenorol, a lladratawyd yr arian oeddynt wedi eu rhoddi yn y twll yn y maen. Dywedir fod yr heddgeidwaid mewn meddiant o wybodaeth a ddaw â'r gŵr diegwyddor fu wrth y gorchwyl dirmygus o flaen eu gwell. Modd bynnag, derbyniodd ysgrifennydd y pwyllgor adeiladol y llythyr canlynol wedi ei addurno â darlun o ei 'fawrhydi satanaidd,' ac wedi ei ddyddio o gartref y bonheddwr hwnnw – 'Hades, Syr, os oes angen arnoch eisiau gwybod pwy gymerodd yr arian, ac a ddymchwelodd y garreg yn eich pabell efengyl, myfi, Jack the Ripper ydoedd yr un, ond os ydych yn meddwl y gellwch fy nal, yr ydych yn methu, gan fy mod mewn cynghrair gyda'r hen was. Cewch glywed oddiwrthyf eto cyn y bydd eich capel wedi ei adeiladu–XXX.

Roedd yr halogiad o ddwyn o gapel yn arswydo'r wasg yng Nghymru. Bu un gohebydd yn hwyr ym 1888 yn awgrymu fod 'Jack y Ripper yn bwriadu talu ymweliad â Chymru yn gynnar y flwyddyn nesaf, gyda'r amcan o ymweled â'r merched hynny sydd yn esgeuluso moddion gras ar y Sabboth.'

Dangosodd yr adroddiadau hyn hefyd sut roedd unigolion yn defnyddio'r llythyrau yn arddull y Ripper i greu ofn trwy gymunedau cyfan.

Mor hwyr â Ionawr 1889, roedd llythyrau yn parhau i gael eu hanfon at unigolion. Derbyniodd Mrs Stephens lythyr bygythiol, ac mae'r adroddiad yn nodi: 'roedd y person dirmygus a'i hanfonodd i fod i ddychryn Mrs Stephens.' Argraffwyd cynnwys y llythyr:

Jan 13 1889. Dear Sir. I have took the pleasure of writing those few lines to you, I mean to Do a murder in Willam street llanelly on Monday or Saturday next about 10:30 to 4 o'clock about the half-moon. Please report it to the Papers yours truly signed by Jack the Ripper.

Mae'r gair 'rhwygo' yn ymddangos mewn cryn dipyn o'r llythyrau, ac roedd yr anfonwyr yn gwybod pa fath o bryder achoswyd o dderbyn yr ohebiaeth ofnadwy. Roeddent yn ddull sicr a hawdd o gynhyrfu a pheri ofn. Hyd yn hyn, ni ddarganfuwyd unrhyw lythyrau wedi'u hysgrifennu yn Gymraeg, a gallai hyn fod oherwydd bod y llythyrau gwreiddiol yn Saesneg, er bod y wasg Gymraeg wedi darparu cyfieithiadau ohonynt.

Roedd hyd yn oed cario bag du yn cael ei ystyried yn beryglus, cymaint oedd y tensiwn yng Nghymru ac mewn rhannau eraill o'r wlad. Yn Saundersfoot, ger Dinbych-y-pysgod, taflwyd y dref i 'gyflwr o ddychryn mawr gan ymddangosiad dyn cryf, athletaidd yn cario bag du gyda natur hynod amheus.' Aeth yr adroddiad ymlaen, 'roedd pawb yn wyliadwrus yn ei gylch, yn enwedig gan ei fod yn ymddangos yn caru ei breifatrwydd, ac fel disgrifiadau o'r hyn a elwir yn 'Jack the Ripper', o fri drwg-enwog, wedi cael eu postio mor dda ym mhobman, o ganlyniad daeth pobl yn wyliadwrus iawn wrth fynd allan.' Mae'n arwyddocaol bod y gohebydd yn crybwyll bod posteri yn rhoi cyhoeddusrwydd i'r llofruddiaethau dros 230 milltir o Lundain a'u bod wedi effeithio cymaint ar bobl, nes eu gwneud yn amharod i fentro allan yn y nos. Ymddangosodd yr heddlu yn y fan a'r lle, ac aethant ar unwaith i ddiogelu'r unigolyn yr oedd ei bresenoldeb yn unig wedi achosi panig ar y strydoedd. Cafodd ei roi mewn cell nes bod modd darganfod gwybodaeth gywir am ei gymeriad a'i fwriadau. Ychwanegodd y gohebydd yn ddramataidd, 'Roedd dyfalu rhemp am gynnwys y bag du, a'r defnyddiau enbyd y gallent fod wedi'u defnyddio ond am ymddygiad dewr ein sarsiant.' Roedd y papur lleol yn amlwg yn falch iawn o ymateb cyflym y sarsiant, ac yn ei argymell i gymryd lle Syr Charles Warren fel pennaeth swydd wag Comisiynydd yr Heddlu yn Llundain.

Roedd y tensiynau hyd yn oed wedi cyrraedd Caergybi yng ngogledd-orllewin Cymru, tua 285 milltir o Lundain. Dechreuodd y rhain gyda sibrydion bod Jack the Ripper wedi anfon llythyr at yr heddlu yn Nulyn, yn bygwth y byddai llofruddiaeth yn cael ei chyflawni yno yn nwyrain neu orllewin y ddinas a'i fod am, 'wneud i ffwrdd ag anffodion, (puteiniaid), oherwydd bod ei chwaer wedi ymuno â nhw.' Roedd Caergybi ar y prif lwybr o Lundain i Iwerddon, ac adroddodd y wasg leol fod 'yr anghenfil wedi'i amseru i ymweld â'r rhan hon o'r wlad un noson yr wythnos diwethaf ar ei ymweliad â Dulyn.' Yn ffodus roedd yr adroddiad yn canmol lampau newydd y dref gan eu bod yn rhy lachar i'r llofrudd, ac yn awgrymu nad oedd yn ffansïo'i siawns gyda'r heddwas lleol – Sarsiant Toohill. Fodd bynnag, roedd clywed y si yn unig yn ddigon i gadw llawer o bobl o dan do am ddyddiau yn y dref, gan adlewyrchu unwaith eto pa mor bryderus oedd cynifer o bobl yn y cyfnod hwn.

Gwnaed defnydd o'r enw Jack the Ripper i werthu storïau hefyd yn y cyfnod, ac ychwanegwyd ei enw at bennawd i ddal sylw'r darllenydd hyd yn oed pan nad oedd gan y stori unrhyw gysylltiad â'r llofrudd. Defnyddiwyd pennawd, 'Violent Freaks of a Drunken Man. Was He Jack the Ripper?', gan stori heb unrhyw berthynas â'r llofrudd. Cyhuddwyd Charles Rowlands o ymosod ar Florence Meadmare. Roedd Rowlands wedi ymosod arni; ei tharo a'i chicio ar y ddaear. Pan ymyrrodd Mr Dorey, y cigydd lleol, torrodd Rowlands ei gloriannau yn ddarnau. Derbyniodd Rowlands ddirwy o £2 am yr ymosodiad a thalu £1 o iawndal.

Adroddodd yr un papur hefyd am Charles Court a erlidiwyd am fod yn feddw, ond gwaeddodd hefyd mai ef oedd 'Jack the Ripper y Rhondda.' Torrodd bopeth yn ei dŷ gyda bwyell ac ymosod ar ei wraig. Defnyddiwyd pennawd arall nad oedd yn gysylltiedig â'r llofrudd, 'Jack the Ripper in Penarth', gan *The South Wales Echo* mewn perthynas â stori am Robert Tanner, 15 oed, a gyhuddwyd o hacio coed addurnol a dyfai yn Beach Road yn y dref. Fe'i gwelwyd gan Henry Adams gyda bwyell fach, yn hacio'r coed yn fwriadol, ac wrth i Adams geisio ei rwystro, dim ond ymateb digywilydd a dderbyniodd. Ceisiodd dynes siarad efo fo hefyd wrth sylwi ar y difrod yr oedd yn ei wneud i'r coed ifanc, ond wrth ergydio coeden arall dywedodd: "Nawr chi'n gweld Jack the Ripper.'

Defnyddiodd y wasg Gymraeg hefyd yr enw Jack the Ripper fel cymhariaeth ddigrif mewn ffordd unigryw Gymreig. Ymddangosodd jôc gynnar, ac un a ddaeth cyn llofruddiaeth Mary Kelly, yn *Y Genedl Gymreig*. Mewn llythyr yn sôn am anallu bardd i gynganeddu'n naturiol a chadw ystyr cerdd, cafodd ei ddisgrifio fel 'caethwas truenus i dduwies cynghanedd,' a'i gymharu â'r llofrudd – 'Y mae yn amlwg fod Jack the Ripper i'w gael yn rhywle yn nes atom na Whitechapel.' Mae'r frawddeg olaf yma am 'Jack the Ripper' yn dangos sut roedd y llofrudd wedi dod yn rhan o'r eirfa o fewn wythnosau i'r erchyllterau, ac yn dechrau cael ei ddefnyddio fel cyfeiriad at unrhyw fath o ladd – hyd yn oed yn yr achos hwn, un llenyddol.

Ysgrifennodd un awdur, D. Oliver Evans, i'r papur, ar ôl bod yn dyst i'r bobl barchus amrywiol oedd yn sefyll am seddi ar y Cyngor Sir, 'ar ôl llygadu ar amryw o bersonau urddasol a ymgeisiant am seddau ar y Cyngor Sirol, ni roddwn i un o adar y to yn gyfnewid amdanynt. Buasai yr un peth gosod Jack the Ripper yn gadeirydd mewn cynhadledd gymanfa a gosod y math yma o ddynion i'n llywodraethu.'

Bu digwyddiad dramatig yng Nghymru hefyd yn ystod y llofruddiaethau pan ymddangosodd dynes ganol oed yng ngorsaf Heddlu Canolog Caerdydd a honni ei bod yn medru cysylltu ag ysbrydion. Roedd y *South Wales Echo* yn falch o adrodd, 'mae canolbwynt y diddordeb sydd ynghlwm â thrasiedïau ofnadwy Llundain yr wythnosau diwethaf wedi cael ei drosglwyddo o Whitechapel i Gaerdydd.' Yna ychwanegwyd, 'er mwyn cyflawni'r sefyllfa hynod hon, mae'n amlwg bod angen rhyw ymyrraeth ocwlt.' Parhaodd yr adroddiad gan ddweud ei bod hi a phump arall wedi cysylltu ag ysbryd Elizabeth Stride, yn Godfrey Street, yn ardal y Drenewydd yng Nghaerdydd, a ddatgelodd enw'r llofrudd fel Johnny Donnelly, oedd yn byw yn 12, Commercial Street neu Road (ni allai'r cysylltwyr glywed yn glir oherwydd yr holl gyffro) ac roedd yn rhan o giang o ddeuddeg oedd yn cyflawni'r llofruddiaethau. Ni roddodd y wasg Gymraeg lawer o goel ar y stori a chyfeiriodd y *South Wales Echo* at achos o ysbrydegaeth yn Bolton fel, 'mwy o nonsens ysbrydol.' Adroddodd y papur newydd Cymraeg *Y Dydd* yn yr un modd, 'Dyna'r chwedl i'r darllenydd fel y cawsom ni hi, ond fydd ef ddim parotach i'w choelio nag ydym ninnau, mae'n debyg iawn.'

Heb os, roedd y profiadau y soniwyd amdanynt yn y wasg Gymraeg yn rhai cyffredin mewn rhannau eraill o'r wlad hefyd. Cafodd y wasg ddylanwad mawr iawn ar farn y cyhoedd, a'r ffaith eu bod yn cyhoeddi portreadau o'r rhai dan amheuaeth, ac yn cyfieithu'r llythyrau a'u cyhoeddi, yn dylanwadu'n drwm ar ymddygiad y bobl. Yng Nghymru, fel mewn mannau eraill, byddid yn ymosod ar, neu yn erlid rhai o ymddangosiad 'garw' o dan yr esgus eu bod yn debyg i Jack the Ripper.

Roedd pobl ledled y wlad mewn cyflwr o bryder dwys, a sibrydion yn ymledu'n gyflym; hyd yn oed mewn ardaloedd ymhell i ffwrdd o Whitechapel roedd pobl yn betrusgar i fentro allan, yn enwedig yn y nos, a dylanwad Jack the Ripper yn bellgyrhaeddol.

Darllen Pellach

Begg, P., Fido, M. a Skinner, K. *Jack The Ripper A–Z* (Llundain: Headline, 1991)

Edwards, R. *Naming Jack The Ripper* (Llundain: Sidgwick a Jackson, 2015)

Morris, J. *Jack The Ripper: The Hand of a Woman* (Seren, 2012)

Robinson, J. *They All Love Jack: Bursting The Ripper* (Llundain: Harper Collins, 2016)

Rubenhold, H. *The Five: The Untold Lives of the Women Killed by Jack the Ripper* (Llundain: Doubleday, 2019)

Skinner, K a Evans, S. *The Ultimate Jack the Ripper Sourcebook: An Illustrated Encyclopedia* (Robinson, 2002)

Sugden, P. *The Complete History of Jack the Ripper* (Robinson, 2002)

Williams, P. *The Welshman Who Knew Mary Kelly* (Ripperologist Rhif 160, 2018)

Goleuadau'r Diwygiad

Gwelwyd newidiadau enfawr yn ymddygiad unigolion yn ystod y diwygiad. Yng ngeiriau'r *Gwyliedydd* ar 23 Mawrth 1905, 'glanhawyd iaith ein pobl, gwaghawyd tafarnau ein gwlad. Gan weld newid yn ymddygiad pobl ifanc yn arbennig, collodd y theatr, y bêl droed, y bwrdd biliards, y dafarn eu gafael arnynt. Newidiant y nofel am lyfr defosiynol, y lenyddiaeth amheus am yr Ysgrythur Lân.'

Un a gyfrannodd tuag at y diwygiad, a ddigwyddodd bron yn gyfan gwbl trwy'r iaith Gymraeg, oedd Evan Roberts, a bu nifer o arweinwyr lleol a phoblogaidd eraill yn amlwg hefyd. Dechreuodd y diwygiad yn ardal Ceredigion ac yna cynhaliwyd cynhadledd fawr ym Mlaenannerch lle cafodd nifer dröedigaeth. Yn Nhachwedd 1904, yng nghapel Moriah, Casllwchwr, dechreuodd Roberts gynnal cyrddau gweddi gyda rhai o'i gyd-addolwyr. Ymledodd y newyddion am y diwygiad yn gyflym drwy ardal Llwchwr a Gorseinon, ac fe gymerodd y wasg ddiddordeb mawr yn y cyrddau. Er mai Evan Roberts a gafodd y prif sylw, bu nifer o efengylwyr eraill, ifanc – a nifer fawr ohonynt yn fenywod – yn pregethu ledled Cymru.

Rhan hynod o hanes y diwygiad oedd y digwyddiadau rhyfeddol yn sir Feirionnydd lle cafwyd adroddiadau am oleuadau rhyfedd yn ymddangos yn y ffurfafen. Arweiniwyd y diwygiad yma gan Mary Jones, gwraig fferm 35 mlwydd oed o fferm Islawrffordd ym mhentref Egryn, sir Feirionnydd. Trafodwyd y syniad mai 'proffwydes Gymreig' oedd Mary Jones oedd yn medru galw ar oleuadau llachar sanctaidd i ymddangos o'r awyr.

Fe'i disgrifiwyd yn y *Welsh Gazette* ym Mawrth 1905 fel hyn: 'Dynes ddiymhongar, dawel, ddifrifol ydyw Mrs Jones; ym mhob dim yn debyg i lawer gwraig fferm yng Ngheredigion heb gael llawer o fanteision i gymysgu â thyrfaoedd o bobl, ac na feddyliodd erioed y buasai hi yn mynd allan i annerch lluoedd o wrandawyr yn ystod diwygiad crefyddol.' Roedd yr ardal yn un Gymreig iawn, ac ar ôl profiad ysbrydol dwys, credai Mrs Jones iddi gael ei dewis i gyhoeddi'r Efengyl drwy'r sir. Dechreuodd gynnal gwasanaethau dyddiol yng nghapel Egryn, ac o ganlyniad i'w phregethu, tyrrodd niferoedd yn ôl at Gristnogaeth. Dyna sut y daeth pobl i ddisgrifio Mrs Jones fel 'proffwydes Cymru,' neu y *Welsh seeress*.

Cynhaliwyd cyfweliad manwl rhwng Beriah Evans a Mary Jones yn Chwefror 1905, ac adroddwyd hyn ym mhapur *The Welshman*. Roedd Evans yn credu yng ngallu Mrs Jones, ac fe welodd y goleuadau ei hun. Ceisiodd berswadio eraill, 'yr wyf wedi sefyll ochr yn ochr ag anghredadun yn yr argoelion hyn, a phan yr ymddangosent i'w lygaid anghrediniol fe grynodd, torrodd i mewn i chwys llechwraidd helaeth, a buasai wedi syrthio oni bai am gynhaliaeth amserol. Yr wyf wedi ymddiddan ag un arall, gŵr diwylliedig, pregethwr poblogaidd, cadarn yn gorfforol ac yn ddeallusol, yn sefyll chwe throedfedd yn ei hosanau, a gyfyngwyd i'w wely am bythefnos ar ôl ei brofiad o'r arwyddion hyn.'

Ar y dechrau, ei gŵr oedd yr unig un roedd Mary Jones am ei argyhoeddi i ddod yn Gristion. Gweddïodd dros ei gŵr, ei ffrindiau a'i pherthnasau. Derbyniodd neges gan Dduw mai ei ffrind oedd am genhadu i'w gymuned. Gwrthododd ei ffrind y neges gan Dduw, ac ar ôl datgelu'r neges i'r rhai yn y capel, gweddïodd Mary Jones eto, gan addo gwasanaethu Duw. Ar 5 Rhagfyr 1904, dechreuodd ei chenadwri a dyma'r tro cyntaf i'r 'seren' ymddangos yn yr awyr uwchben y pentref. Ar y dechrau gwrthododd adael cyffiniau Egryn gan gredu bod ei galwedigaeth i'r ardal leol yn unig.

Mae gennym ddisgrifiad manwl gan Mary Jones ei hun am y goleuadau ar ôl i Beriah Evans gynnal cyfweliad manwl gyda hi. Ymddangosodd seren lachar ar ddiwrnod cyntaf ei chenhadaeth. Cyn i'r seren ymddangos, o'i blaen yr oedd 'bwa goleuol fel enfys niwlog, y naill ben yn gorffwys ar y môr, â'r pen arall ar ben y mynydd, ac yn ymdrochi mewn disgleirdeb meddal', ar do'r capel bychan. Dechreuodd ar ei gwaith y noson honno. Fel rheol roedd y seren, yn 'un o ddisgleirdeb a maintioli anarferol', yn ymddangos yn y nefoedd i'r de, ac yna'n diflannu wrth i oleuadau bychain ymddangos oedd yn dilyn, yn rhagflaenu, neu'n mynd gyda Mary Jones ar ei theithiau. Cofnododd Beriah Evans na fyddai byth yn cychwyn ar genhadaeth hebddynt.

Ychwanegodd Mary Jones yn ystod cyfarfod yng nghapel Rehoboth, Llangollen yn Ebrill 1905 fod goleuadau wedi ymddangos yn Egryn uwchben tai pobl nad oedd yn mynychu'r cyrddau, ac yn ôl ei thystiolaeth, roedd y goleuadau wedi troi 56 o bobl yn gredinwyr ym

mhentref Egryn. I Mrs Jones roedd eglurhad dwyfol i'r goleuadau.

Nid yn unig ymddangosai'r goleuadau llachar uwchben y man lle pregethai Mrs Jones mewn cyfarfodydd nos, ond yn wir, weithiau byddent yn ei dilyn ar hyd y ffyrdd. Ceir yr adroddiad cyntaf amdanynt yn y *Cambrian News* ym mis Ionawr 1905, 'Nos Iau'r wythnos diwethaf mynychodd Mrs Jones gyfarfod ym Mhensarn, lle ymgasglodd cannoedd o bobl, ac wrth i drên fynd heibio, gwelwyd golau rhyfedd yn saethu allan o ddeg cyfeiriad gwahanol, ac yna'n dod ynghyd â chlap uchel.'

'Dydw i byth am ddymuno gweld unrhyw beth tebyg eto,' meddai'r gyrrwr wrth adrodd ei brofiad.

Cyfeirir hefyd ym mhapurau Cymraeg y cyfnod at y ffenomen. Dyma ddisgrifiad y Parch H. D. Jones, un a welodd y goleuadau'n aml, yn *Y Gwyliedydd* ym Mawrth 1905, 'Yr oedd Mrs Jones yn cynnal cyfarfod diwygiadol mewn ysgoldy perthynol a elwir Ty'n y Drain. Darfu i Mr Jones, Uwchlaw'r Coed, ddanfon Mrs Jones adref yn ei gerbyd, ac mi wnes innau ddilyn ar draed, fe ymddangosodd y goleu rhyfedd yn sydyn, uwchlaw y ffordd ac ychydig lathenni o flaen y cerbyd – o amgylch hwn – y chwaraeai ac y dawnsiai weithiau o flaen, bryd arall o amgylch y cerbyd lle eisteddai Mrs Jones. Pan y cyraeddasom at y groesffordd, wedi cyrraedd y pwynt yma, yn lle myned ymlaen yn unionsyth, y mae y goleu yn gwneud ei ffordd i gyfeiriad Egryn o flaen y cerbyd. Hyd hyn nid ydoedd ond un golau, ond yma fe newidiodd. Fe ymddangosodd pelen fechan o dân; o amgylch i'r hwn y dawnsiau dau oleuni gwyn, ac fe arhosodd y golau coch yn sefydlog am amser hir, tra y dawnsiau'r goleuadau gwynion o'i amgylch. Yn y cyfamser aeth cerbyd Mr Jones yn ei flaen, gan adael y goleuadau hyn tu ôl; ond dacw y tri goleu yn uno ac yn rhuthro yn gyflym ar ôl y cerbyd, gan ei oddiweddyd o'i flaen o. Am dros filltir o ffordd yr oeddwn yn cadw o fewn golwg y goleuadau hyn. Yr ydym oll yn barod i dyngu fod hyn yn wir, pe bai angen.'

Mae yna un astudiaeth o'r digwyddiadau rhyfedd yma gan Kevin a Sue McClure, ond ni ddefnyddiant adroddiadau cyfrwng Cymraeg er mai digwyddiad o fewn cymuned uniaith Gymraeg oedd y ffenomen. Ymddangosodd mor aml nes i'r stori gyrraedd papurau Llundain;

anfonwyd gohebwyr o'r *Daily Mail* a'r *Daily Mirror* i ymchwilio ymhellach. Buont yn y gymdogaeth am rai dyddiau. Amheus oeddynt i gychwyn. Dyfynnwyd awdur y *Daily Mail* yn *Y Gwyliedydd*, 'Nos Sadwrn, Chwefror yr 11eg. Yno roeddwn yn argyhoeddedig nad oedd yr oll siarad parthed y goleuadau hyn ond effaith ofergoeliaeth. Ond cyn pen hanner awr, yr oedd fy ngolygiadau wedi newid. Am chwarter i wyth, pan oddeutu milltir o bellter i Egryn, gwelwn olau yn nhair ffenestr yr ysgoldy lle y cynhelid y gwasanaeth. Ond am ugain munud wedi wyth fe welwn, megis pelen o dân uwchben yr ysgoldy. Yr oedd o liw melyn, disgleiriai yn danbaid. Rhag ofn fy mod yn twyllo fy hunan, galwais ar ddyn oedd oddeutu can llath oddi wrthyf. Gofynnais oedd efe yn gweled rhywbeth. Rhedai ataf yn gynhyrfus. 'Gwelaf! Gwelaf!' meddai. 'Y goleu mawr ydyw, uwchben yr ysgoldy.' Ymddangosai y goleu i mi fel pe bai oddeutu hanner can troedfedd uwchlaw yr ysgoldy. Llewyrchai gyda thanbeidrwydd trydan. Diflannodd y goleu yn sydyn wedi parhau ohono am oddeutu munud a hanner. Arhosais yno heb weled dim wedyn, hyd tua phum munud ar hugain i naw, pan y gwelais ddau oleuni, un o bob ochr i'r ysgoldy. Ymddangosant i mi fel pe baent tua chan troedfedd oddi wrth ei gilydd, ac oddeutu can troedfedd o uchder. Goleuasant yn danbaid am yn agos i ddeng eiliad ar hugain. Yna dechreuasant leihau. Wedi hynny goleuasant yn ddisgleiriach am oddeutu dau funud. Yna diflanasant yn llwyr.'

Anfonodd y *Daily Mirror* ohebydd a ffotograffydd. Ysgrifennodd y gohebydd, 'Dywedais wrth Mrs Jones pa mor awyddus oeddwn i weld y golau i mi fy hun, a dywedodd y byddai'n gweddïo y gallant ymddangos i mi. Gwneuthum drefniadau i yrru yn ôl y tu ôl i'w cherbyd. Cydsyniodd y ddau yrrwr i yrru heb oleuadau. Yn y cerbyd cyntaf roedd Mrs Jones a thair merch, a gyda mi roedd ffotograffydd y Daily Mirror. Am dair milltir fe wnaethon ni yrru mewn distawrwydd, ac roeddwn i wedi rhoi'r gorau i obeithio. Roedd yn agos i ganol nos, ac roeddem yn agosáu at Barmouth pan yn sydyn, heb unrhyw rybudd, wrth ein traed ar y ffordd fe orlifodd radiant ysgafn symudliw. Yn gyflym wrth imi edrych i fyny, roedd y golau yn pylu'n raddol i'r awyr uwchben. Edrychais i fyny i weld màs hirgrwn o lwyd, hanner agored, yn datgelu o'i mewn gnewyllyn o olau gwyn. Wrth i mi edrych caeodd, ac aeth popeth i dywyllwch unwaith eto.' Ymledodd y newyddion, a bu un adroddiad yn y *Los Angeles Herald.*

Argyhoeddwyd Mrs Jones mai oddi wrth Dduw y deuai'r goleuadau. Mewn un adroddiad o'r cyfnod nodwyd, 'Diolchodd Mrs Jones, i Dduw nad oedd wedi caniatáu i ddynion â meddwl daearol dynnu llun o'i Olau Cysegredig, na'u chwilfrydedd gael ei fodloni trwy weld Ei amlygiadau gogoneddus.' Yn ôl adroddiad *Baner ac Amserau Cymru*, 'Yr oedd Mrs Jones yn bresennol mewn cyfarfod yn ei chartref, lle yr oedd cannoedd o bobl wedi ymgasglu i weled y goleuadau anghyffredin a ddywedir sydd yn ei dilyn ar ei chenhadaeth ddiwygiadol. Nid oedd neb wedi gweled y goleuadau hyn yr wythnos ddiwethaf. Dywed Mrs Jones fod yna ormod o gywreingarwch yn y rhan hon o'r wlad i'r goleuni gael ei weled.' Yn Abergynolwyn, 'lle'r oedd cannoedd o chwarelwyr wedi ymgynnull er mwyn ei chlywed, dywedodd fod dynion gwyddonol wedi dod i lawr i Egryn er mwyn ymchwilio i'r golau, a gosod batris trydan ar y ddaear. Diolchodd i Dduw na ddatgelodd y golau goruwchnaturiol i'r rhai a ddaeth i lawr i ymchwilio er mwyn chwilfrydedd yn unig.'

Ymddangosodd y goleuadau tu allan i ffiniau Egryn hefyd. Yn Ebrill 1905, gwelwyd y goleuadau y tu mewn i gapel Seion, Wrecsam lle bu cyfres o fflachiadau'n ymddangos, er y credai rhai mai nam trydanol oedd yr achos. Teithiodd Mary Jones o amgylch Cymru: ar 23 Gorffennaf yn Ynysboeth, aeth amryw o bersonau i wrando arni unwaith yn rhagor, ac effeithiodd y gwasanaeth arnynt yn fawr. Wedi dychwelyd i Ynysybwl cynhaliwyd cyfarfod awyr agored am tua hanner awr wedi deg y nos yn Robert Town Square. Yr oedd y brwdfrydedd crefyddol yn ddwys, a pharhaodd y gwasanaeth hyd at un yn y bore. Dywedodd un gohebydd fod ei sylw wedi ei alw, yn ystod y gwasanaeth, at 'belen o oleuni tua maint y lleuad,' gydag ychydig o niwl drosto. Yna dechreuodd sêr saethu allan o'i gwmpas, cododd y golau yn uwch, a thyfodd yn fwy disglair, ond yn llai o faint.

Bu ymgais i geisio egluro'r goleuadau yn nhraethawd y Parch A. T. Fryer, *The Psychological Aspects of the Welsh Revival* ym 1905. Anfonodd y gweinidog holiaduron at lygad dystion ac adroddodd ar yr ymatebion.

Yn anffodus, nid oes enw ar bob adroddiad, ac mae'r dyddio a'r amseru yn gallu bod yn weddol amwys. Serch hynny, fe ddaeth i gasgliad diddorol ar ôl astudio'r adroddiadau am y goleuadau. Datganodd, 'ond o'r chwe pherson a welsant y goleuadau gwyddys fod pedwar yn ogleddwyr, fel Mrs Jones ei hun, ac yr wyf yn meddwl fod y ffaith hon yn tueddu i gefnogi fy namcaniaeth fod gan bersonau o'r un hil neu lwyth ddulliau cyffelyb o weithredu'n feddyliol. Mae tebygrwydd teuluol cryf i'r achosion o rithweledigaethau cyfunol a ddyfynnwyd, cyn belled ag y maent yn ddilys, a chan fod y gweledyddion oll yn cydymdeimlo â Mrs Jones, mae'n debyg mai ei meddwl hi yw achos gwreiddiol yr ymddangosiadau.' Gwrthododd Fryer unrhyw awgrym o dwyll, goleuadau o gar, na dynion ar ben to fflat yn goleuo tortsh uwchben y capel.

Er i rai cylchgronau bwysleisio nad ofergoeliaeth oedd y tu ôl i'r digwyddiadau, roedd eraill yn amau. Yn Ebrill 1905 yn *Yr Eurgrawn Wesleaidd* cofnodwyd, 'dylid cofio nad yw pethau o'r fath yn anysgrythurol.' Ym mis Mawrth 1905, adroddodd *Y Gwyliedydd*, 'i rai nid ydynt yn ddim amgenach na ymddangosiadau naturiol: tra i eraill y maent yn arwyddion nefol o wyrth o ystyr dirfawr. Dibynna'r cyfan ar agwedd ysbryd dynion eu hunain. I un dyn nid yw y friallen ond blodeuyn distadl: i un arall mae'n arwydd o ogoniant Duw.' Serch hyn, nid pawb oedd wedi gwirioni ar y goleuadau. Mewn llythyr i'r *Faner* ym Mawrth 1905 datganodd 'Thomas' (enw da i amheuwr), 'I Ba Beth y Maent Dda? A chymryd eu gwirionedd fel ymddangosiadau yn ganiataol, pa wasanaeth i Mrs Jones, Egryn, na neb arall, a allant fod? Y mae y gwaith yn cael ei gario ymlaen hebddynt yn llawn mor, os nad yn fwy effeithiol, mewn ardaloedd eraill, a chan genhadon a chenadesau eraill. Pa reswm neilltuol a allai fod dros eu rhoddi yn yr ardaloedd hyn, ac i'r bobl yr honnir eu bod yn cael eu gweled ganddynt?'

Roedd un adroddiad negyddol arall, yn ystod cyfarfod Pwyllgor Gwallgofdy Dinbych yn Ebrill 1905, lle bu trafodaeth a oedd y diwygiad yn gyfrifol am gynnydd mewn gwallgofrwydd ym Meirionnydd. Adroddwyd bod un ar ddeg wedi derbyn dylanwad niweidiol gan y diwygiad, a chwech o ferched, neu 25% o'r rhai a dderbyniwyd yn y chwarter gyda nifer uchel o sir Feirionnydd, yn bennaf o ganlyniad i anhwylder ysbryd. Trafodwyd yn y cyfarfod gyda chwerthin, tybed oedd y goleuadau yn Egryn wedi cyfrannu at y cynnydd hwn. Serch hyn, prin iawn oedd yr ymateb negyddol yn yr adroddiadau a'r wasg gan fod Mrs Jones yn ymddangos yn berson diffuant a gonest.

Ysgrifennodd Mrs Jones, Islawrffordd, at Fryer ar 16 Ionawr 1905, 'Yr wyf wedi gweld y goleuni bob nos er dechreuad y diwygiad tua chwe' wythnos yn ôl. Weithiau mae'n ymddangos fel lamp car yn fflachio ac yn mynd allan, ac yn anafu dim byd o gwbl; brydiau eraill fel dwy lamp a thafodau o dân o'u hamgylch, yn mynd allan mewn un lle ac yn goleuo eto mewn man arall ymhell weithiau; brydiau eraill fflach sydyn a mynd allan ar unwaith, a phan elo'r tân allan daw anwedd mwg yn ei le; a hefyd enfys o anwedd a seren ddisglair iawn.' Dywedodd fod y goleuadau bob amser i'w gweld yn yr awyr agored, a thua chwech o'r gloch yr hwyr. Gofynnodd Fryer a oeddynt wedi cael eu gweld gan unrhyw un nad oedd wedi cael tröedigaeth, a chafodd ateb cadarnhaol.

Bu Fryer hefyd yn cyfeirio at ffenomenon adnabyddus yn y cyfnod, sef y Gannwyll Gorff, goleuadau honedig a ymddangosai uwchben tŷ person oedd ar fin marw. Ceir adroddiadau o hyn yn arbennig yn ardaloedd gogledd Ceredigion.

Weithiau, roedd eglurhad naturiol i'r goleuadau, fel yr adroddwyd yn frwdfrydig mewn nifer o bapurau yn Ebrill 1905. O dan y pennawd 'Mysterious Light. Watchers Track it to an Oil Lamp':

Roedd Mrs Mary Jones, o Egryn, gweledydd Abermaw, yn aros gyda Miss Jeffreys, ym Mhontcysyllte, rhwng Rhiwabon a Llangollen. Bu nifer o weinidogion o enwadau Cymreig yn ddiweddar yn cadw gwyliadwriaeth ar hyd y nos. Yn sir Ddinbych, daeth gweinidogion a diwygwyr amlwg eraill i'r ardal i gadw gwyliadwriaeth hyd oriau man bore Sadwrn yng nghymdogaeth Pontcysyllte. Y Gwylwyr oedd: y Parch. John Charles, gweinidog yr Annibynwyr, Cefn Mawr; y Parch A. Lloyd Hughes, Weslead Cymreig, Cefn; a'r Parch Huw Parri, Undeb yr Annibynwyr, Acrefair. Bu cryn drefniant oherwydd ymrannwyd nifer o bobl yn bedair adran, a thrwy ei gilydd roedd tua hanner cant o bobl yn gwylio'r awyr. Lleolodd y gweinidogion eu hunain yn agos i breswylfa Mrs Jones tua 11.20 y nos, a buont yn sganio holl ddyffryn Dyfrdwy. Yn sydyn, denwyd eu sylw gan olau yn fflachio ac yn llosgi'n ddisglair, bob yn ail, tua 50 llath o'r tŷ ym Mhontcysyllte, lle roedd Mrs Jones yn aros ar draws y dyffryn. Roedd y golau, yn aros yn yr un fan, ac ar adegau yn diffodd ei hun. Yr oedd y gweinidogion ymysg y gwylwyr yn orfoleddus; a phan ymunodd y 'gweledydd' â hwynt yr oedd hi yn sicr fod y goleuni yn un o'i hamlygiadau. Galwodd y gweinidogion ar barti o bobl ar draphont ddŵr Pontcysyllte; ond yn y fan hon yr oedd y goleuni yn anweledig. Dychwelwyd i dŷ Mrs Jones, ac ailymddangosodd y goleuni. Gofynnwyd i ohebydd a dau ffrind leoli'r ffenomenon, ac aethant i Bontcysyllte, ac olrhain y 'golau cyfriniol' i ystafell wely siop. Profodd y golau i fod yn lamp yn llosgi olew ganol nos! Ffurfiwyd côr o ddiwygwyr ar ganol y draphont ddŵr yn canu emynau i gymell y goleuni i ymddangos, ond ni welwyd mwy o oleuadau cyfriniol.

Mae'r stori uchod yn adlewyrchu pa mor boblogaidd oedd y goleuadau gyda nifer yn mynychu'r cyfarfodydd a syllu i'r nef i'w gweld. Roedd partïon chwilio eraill wedi eu trefnu i brofi honiadau'r gweledydd.

Ceisiwyd egluro'r goleuadau mewn termau gwyddonol eraill. Ym mhapur *Gwalia* yn Chwefror 1905, ceisiodd gwyddonydd o'r enw Mr J. Castell-Evans, Athro Fferylliaeth yn Ysgol Grefftol Dinas Llundain egluro'r goleuadau fel pryfed lleuferol, hen bryfaid yn goleuo yn y nos. Yn ei eiriau yn *Y Cymro* yn Chwefror 1905, disgrifiodd weld pelen o olau a thaflodd garreg at y golau llachar, 'aeth y garreg drwy y belen, gan ei thorri, fel yr edrychai, yn fil o ddarnau bychain. Ym mhen ychydig wedyn aeth y darnau bychain at ei gilydd. Ac unwaith yn rhagor dyna'r belen yn dechrau dawnsio uwchben y ffrwd. Ond nid oedd y belen ond clwstwr o bryfaid lleuferol, hen bryfaid ag sydd yn goleuo yn y nos.' Awgrym arall oedd mai llusernau gan dwyllwyr, neu oleuadau ffermydd yn tywynnu yn yr atmosffer neu fellt pelen oeddynt.

Yn fwy diweddar mae rhai yn cynnig eglurhad daearyddol. Yn llyfr Thomas Pennant, *Tours in Wales*, ym 1810, cyfeirir at ddigwyddiad ym 1694, lle cododd fflam las wan allan o lwybr tywodlyd corsiog, o Forfa Bychan, a chroesi sianel o wyth milltir i Harlech. Cyneuodd dân ar yr ochr honno i un ar bymtheg o reiliau o wair, a dwy ysgubor, un yn llawn gwair, a'r llall yn llawn o ŷd. Bu farw niferoedd o wartheg, ceffylau, defaid, a geifr. Llwyddodd pobl i'w ddiffodd yn hawdd; yr oedd unrhyw sŵn mawr, megis seinio cyrn neu ddrylliau, yn ei atal ar unwaith. Symudodd y fflam gyda'r nos yn unig; ac ymddangosai ar adegau, ond yn llai mynych, yr haf dilynol. Ychwanegodd Pennant ffynhonnell i'r stori: derbyniodd Dr Lister lythyr gan Edward Llwyd y naturiaethwr, botanegydd ac ieithydd enwog, ar 23 Awst 1694, yn sôn am y tân yn Harlech.

Ymddangosodd goleuadau o liw glas hefyd yng nghymdogaeth Pwllheli ym 1869, 1870 a 1875. Eto ym 1877 roedd goleuadau o liwiau amrywiol yn symud dros aber y Dysynni. Mae'r ychydig wyddonwyr hynny sydd wedi ystyried yr adroddiad hanesyddol yma wedi dod i'r casgliad bod y goleuadau yn deillio o danio nwy'r gors. Hynny yw, roedd y fflamau yn Jac y Lantarn, er eu bod yn rhai cymharol bwerus. Mae'r ddamcaniaeth yma yn awgrymu bod nwy'r gors (methan yn bennaf) hefyd yn cynnwys ffosffad ac olion deuffosffad. Mae'r olaf yn adweithio'n ddigymell ag aer, ac yn tanio'r methan, gan greu fflamau glas gwan.

Eglurhad arall yw bod y goleuadau o ganlyniad i leoliad Egryn ger ffawtlin Mochras, rhwng y Bermo a Harlech. Mewn erthygl yn y *New Scientist* ym 1983 cyfeiriwyd at y ffaith fod bron pob un o'r lleoliadau lle gwelwyd y goleuadau yn gorwedd o fewn 500 metr i ffawtlin, ac mae capel Egryn lai na 100 metr o'r ffawtlin. Mewn astudiaeth yn 2014, damcaniaeth Friedmann Freund yw bod y goleuadau'n cael eu hachosi gan wefr drydanol sy'n ymddangos mewn rhai mathau o greigiau yn ystod gweithgaredd seismig.

Er hyn i gyd, nid ymddangosodd y goleuadau eto ar ôl 1905 fel rhan o'r diwygiad mawr, a hyd heddiw does dim eglurhad sydd yn bodloni pawb ynglŷn â'r goleuadau rhyfeddol a welwyd ym Meirionnydd dros ganrif yn ôl.

Darllen Pellach

Deveraux, P. ac eraill, 'Bringing UFOs Down to Earth', *New Scientist*, Medi 1983

Evans, E. *The Welsh Revival of 1904* (Evangelical Press of Wales, 1969)

McClure, K. a S. *Stars, Stars and Rumours of Stars* (Cyhoeddwyd gan yr awdur, 1980)

Goresgyniad yr Awyrlongau

Bu cannoedd o lygaid dystion yn barod i dyngu llw iddynt weld goleuadau rhyfedd yn yr awyr dros rai ardaloedd yng Nghymru ym mis Mai 1909 a mis Chwefror 1913. Cyfeiria'r adroddiadau at oleuadau llachar fel lampau cryf, un ar flaen awyrlong, ac un arall ar y cefn, yn teithio'n hamddenol ar draws wybrennau Cymru a Lloegr.

Gwelwyd y rhan fwyaf o'r goleuadau hyn yn ystod y nos, ac mae nifer o adroddiadau yn dweud iddynt glywed sŵn peirianwaith hefyd. Er bod awyrlongau yn bodoli, nid oedd digon ohonynt i gyd-fynd â'r adroddiadau hyn. Doedd neb yn hedfan awyrlongau yn yr ardaloedd hyn yn y cyfnod, a gwadodd rhai o brif beilotiaid awyrlongau Cymru, sef E. Willows a H. Rolls, eu bod yn hedfan ar y pryd. Mae'n parhau yn ddirgelwch hyd heddiw, a rhai ymchwilwyr yn honni bod yr adroddiadau yn cyfeirio at ragflaenwyr yr UFOs.

Mawr oedd y diddordeb yn y dechnoleg newydd yma, a cheir cerdd yn *Baner ac Amserau Cymru* yn Nhachwedd 1909 gan y bardd John Thomas:

Yn ei harddwch deil hyrddwynt – y nefoedd,
    Mae 'n nofio y corwynt;
    Heb ddal ar anwadal wynt
    Hwylia i ben ei helynt.

Bloeddir am lawer blwyddyn – ei gweled
    Uwch gwaliau yn esgyn:
    Hydr awyr, nid dw'r ewyn,
    Geir i'w dal i gario dyn.

Trwy gydol y flwyddyn 1909 mae'r adroddiadau yn debyg iawn; gwelwyd goleuadau llachar (fel arfer dau) gan bobl trwy'r wlad yn teithio'n araf yn yr awyr uwchben, ac yna byddai siâp tywyll fel sigâr hir yn ffurfio'r awyrlong i'w gweld yn hedfan ar draws yr wybrennau. Achosodd hyn gryn ofn ar y pryd, gyda nifer o benawdau mewn papurau, fel, 'Scareships' neu 'Goresgyniad yr Awyrlongau', yn dychryn pobl i feddwl bod rhywun yn eu gwylio.

Ar 18 Mai 1909, roedd Charles Lethbridge a'r diddanwr Pwnsh a Jiwdi o Stryd Roland yng Nghaerdydd yn teithio yn nhawelwch mynydd Caerffili – lle diarffordd ar y pryd – yn tynnu cert fach am 11 o'r gloch y nos, pan, yn ei eiriau ei hun: 'Synnais i weld siâp tiwb hir ar y glaswellt ar ochr y ffordd, gyda dau ddyn yn brysur yn ymgysylltu â rhywbeth gerllaw. Nhw ddenodd fy sylw oherwydd eu dillad rhyfedd. Ymddangosent fel bod ganddynt gotiau mawr, trwm a chapiau ffwr wedi'u gosod yn dynn dros eu pennau. Roeddwn i'n ofnus braidd, ond wnes i barhau i fynd ymlaen nes i mi fod o fewn ugain llath iddynt, ac yna cadarnhawyd fy syniadau ynglŷn â'u dillad. Roedd sŵn y sbring ar fy nghert fach fel pe bai'n eu denu, ac yna gwelais hwy yn neidio i fyny ac yn clebran â'i gilydd mewn iaith ryfedd, Cymraeg neu rywbeth arall, yn sicr nid Saesneg ydoedd. Casglent ar frys rywbeth o'r ddaear ac yna roeddwn i'n ofnus iawn. Cododd y peth hir oedd ar y ddaear yn araf – roeddwn i'n sefyll yn stond ar y pryd, yn rhyfeddu. A phan oedd y peth yn hongian ychydig droedfeddi oddi ar y ddaear, neidiodd y dynion i mewn i gerbyd bach oedd yn hongian oddi tano, ac yn raddol cododd yr holl beth, a'r dynion i'r awyr yn igam-ogamu. Pan wnaethant glirio'r gwifrau telegraff sy'n mynd dros y mynyddoedd, disgleiriodd dau olau, fel lampau trydan, ac aeth y peth yn uwch yn yr awyr a hwylio i ffwrdd tuag at Gaerdydd. Pan aeth y peth yn yr awyr, gwelais beth edrychai fel cwpl o olwynion ar waelod cerbyd bach, ac ar y gynffon roedd ffan yn chwyrndroi fel mae car modur yn gwneud weithiau.'

Disgrifir Lethbridge gan un papur fel: 'dyn canol oed, ac yn meddu ar synnwyr cyffredin cryf, ac yn ŵr digellwair fel y gellir coelio ei stori.' Gwelwyd yr un golau tua'r un amser yn teithio tuag at Cathays yng Nghaerdydd ac i'r dociau.

Dychwelodd Mr Lethbridge gyda gohebwyr i'r man lle gwelodd y gwrthrych ar y mynydd, a gwelsant y ddaear wedi ei throi fel petai gan swch aradr. Gofynnwyd iddo amcangyfrif hyd y gwrthrych ac atebodd – tua 54 troedfedd. Darganfuwyd nifer o bapurau yn cynnwys adroddiadau am awyrlongau ac am y fyddin Almaenig ar y safle, a phin metel gyda label coch arno. Roedd ysgrifen Ffrangeg ar y label yn dechrau gyda'r geiriau *Avis Important*. Achosodd hyn gryn ddiddordeb, nes i rywun egluro mai plymiwr falf oedd hi ar gyfer car modur!

Mae stori Lethbridge yn ddirgelwch llwyr. Ddeuddydd ynghynt, gwelwyd pum 'tramorwr' gan glerc brocer stoc o Gaerdydd yn cynnal mesuriad tir ac yn cymryd ffotograffau o'r ardal ger mynydd Caerffili. Teithiodd y dynion o le i le ar ddau drap, a thynnwyd y lluniau o gefn y trapiau i ddangos golygfeydd eang o'r wlad gyfagos. Tybed a oedd yna gysylltiad?

Fe ddaeth y digwyddiad yn enwog a honnwyd gan rai ymchwilwyr mai dyma'r adroddiadau cyntaf o berson yn cwrdd ag aliwns.

Ceir disgrifiad manwl wedyn gan griw o weithiwr yn nociau Caerdydd ar 19 Mai 1909 am 1.20 y bore. Robert Westlake, arwyddwr trên oedd un ohonynt, a chriw'r stemar *Arndale* oedd y lleill. Gwelsant oleuadau rhyfedd, yn yr awyr i ddechrau, yna, siâp fel torpido a goleuadau ar bob pen, a disgrifiwyd sŵn grwnian. Gwelwyd hwy ar hyd a lled Cymru trwy fis Mai 1909 o Benmachno i Gasnewydd. Disgrifiodd *Tarian y Gweithiwr* y goleuadau â'r pennawd: 'Dirgelwch Yr Awyr. Awyren Uwchben Caerdydd'. Mae'r adroddiad yn parhau: 'Taflwyd trigolion a'r amgylchoedd i syndod brawychol ddydd Mercher gan y newydd fod awyren ddieithr wedi bod yn hofran uwchben y ddinas.'

Ceir disgrifiad arall o ddigwyddiad ar ddydd Iau, 20 Mai 1909 uwchben Aberdaugleddau, a chan fod nifer o lygad dystion wedi gweld y goleuadau yn annibynnol ar ei gilydd, cafodd hwn ei ystyried yn adroddiad pwysig. Disgrifiodd capten llong yr hyn a welodd fel 'cawell arnofiol' yn Aberdaugleddau. Ychydig cyn deg o'r gloch, wrth gerdded ar hyd rodfa'r môr, denwyd sylw pobl gan fflachiadau o olau, y tybiwyd i ddechrau eu bod yn ddreigiau mellt. O edrych yn fwy manwl, credai pobl mai goleuadau chwilio o'r gaer yn y gymdogaeth oeddynt. Ond, yn sydyn, ymddangosodd peiriant siâp sigâr oedd yn disgyn drwy'r awyr ac yn hofran ar uchder o tua hanner milltir o'r ddaear dros Westy'r Arglwydd Nelson. Ymgasglodd torf o tua thri chant o bobl, a chlywsant chwyrndroi injan modur. Ar ôl oedi am ychydig eiliadau, roedd y llong, a oedd wedi dod o'r dwyrain, wedi teithio tua'r gorllewin.

Fore Gwener, pan agorwyd gatiau'r dociau, y dreillong stêm gyntaf i hwylio i mewn oedd y *Centaur*. Mewn cyfweliad nododd y capten ei fod yn gorwedd ar angor yn Dale Roads ar y nos Iau yn aros i gatiau Aberdaugleddau agor. Ychydig i'r de o'i long, dros yr amddiffynfeydd ar West Blockhouse, gwelodd y Capten Nichols rywbeth a ymddangosai yn debyg i gawell yn arnofio. Gyda chymorth ysbienddrych gallai weld y llong awyr yn glir. Llwyddodd i'w chadw o fewn golwg am oddeutu hanner awr, nes iddi symud i ffwrdd. Cefnogwyd datganiad y capten gan y criw cyfan, yn ogystal â chan y Parch Edmund Jones, oedd wedi bod ar daith bleser ar y *Centaur*. Roedd cryn dipyn o lygad dystion y tro hwn, â'r capten wedi cael cyfle i wylio'r awyrlong yn fanwl.

Ymddangosodd un llun diddorol o'r ffenomen ryfeddol hon yn yr *Evening Express* ar 21 Mai 1909 (Argraffiad Pinc). Roedd yn llun prin iawn o'r cyfnod yn dangos y gwrthrych rhyfedd hwn. Tynnwyd y llun gan W. L. Ballard, a honnodd fod ei lun yn dangos yr awyrlong dros Stowhill yng Nghasnewydd o Ficerdy Sant Woolos. Ceisiodd eraill wneud lluniau o'r

hyn a welson nhw yn y ffurfafen hefyd, gan gynnwys un gan artist *The Cambrian*, wedi ei lunio ar ôl iddo glywed disgrifiad gan Daniel Blight, a welodd yr awyrlong uwchben Port Talbot ar 28 Mai 1909, pan oedd yn digwydd bod gyda phlismon. Ond yn dilyn ymholiadau gan y papur, adroddodd y plismon ei fod yn credu mai seren a welodd Mr Blight!

Teithiodd y goleuadau i ogledd Cymru hefyd, gan i adroddiad ymddangos yn y *North Wales Weekly News* ar 23 Mai 1909 o dan y pennawd, 'Stori Llong Awyr Llanrwst.' Aeth yr erthygl ymlaen i ddweud: 'Tua 9.45 y nos, ar Ddydd Sul, cafodd sawl person yn Llanrwst olygfa hirfaith o long awyr ddirgel. Gwelwyd golau bach yn gyntaf yn agosáu at y dref o gyfeiriad yr Wyddfa. Roedd yr ymwelydd o'r awyr, fodd bynnag, ar ôl ychydig eiliadau wedi hofran dros Gastell Gwydr, gwyro i'r chwith a chodi i uchder uwch a dilyn y gadwyn o fynyddoedd i gyfeiriad Trefriw. Yna gwelwyd bod y llong yn dangos golau melynaidd o'i blaen, a thu ôl, ac nid oedd y pellter rhyngddynt yn ymddangos yn fwy na 12 neu 15 troedfedd. Oherwydd y tywyllwch ni ellid diffinio siâp y llong yn glir. Fodd bynnag, roedd yn teithio ar gyflymder sylweddol. Bu'n hofran am ychydig eiliadau dros weithiau alwminiwm Dolgarrog, lle gogwyddodd yn sylweddol a thaflu golau llachar ar ochr y mynydd oddi tani. Yna esgynnodd y gwrthrych i uchder mawr a pharhau i'w hediad, nes diflannu dros y mynydd i gyfeiriad Llandudno. Bu yn y golwg am tua hanner awr, o 9.45 i 10.15 y nos, ac yn ystod y cyfnod hwnnw teithiodd o leiaf 13 milltir.'

Rhaid cofio bod goleuadau rhyfedd wedi ymddangos dros fryniau Meirionnydd ym 1905 yn ystod y Diwygiad mawr, ac yn y *Welsh Gazette and West Wales Advertiser* ar 3 Mehefin 1909 cyfeiriwyd at nifer o bobl yn tyrru i Fachynlleth: 'Ddydd Sul pasiodd nifer fawr o foduron o wahanol fath trwy'r dref, ond ni welwyd unrhyw long awyr ddirgel, nac unrhyw oleuadau rhyfedd wedi gwneud eu hymddangosiad yn yr ardal hon ers amser y diwygiad, ond mae'n ymddangos bod ychydig o'r rhai a welodd y gweledigaethau rhyfedd hynny yn gwylio'n eiddgar am y llong awyr fach hunllefus Almaenig hyn.' Cyfeiriwyd yn aml at gysylltiad Almaenig i geisio egluro'r awyrlongau.

Er hyn, a dangos nad rhywbeth newydd yw cymryd mantais o sefyllfa i wneud ychydig o farchnata, adroddodd y *Welsh Coast Pioneer* ar ôl y digwyddiad yma bod y dirgelwch wedi ei ddatrys. O dan y pennawd, 'The Airship Mystery Solved,' adroddwyd, 'Roedd cryn ddyfalu yn y dref ddydd Llun am ymweliad y llong awyr ddirgel. Mae'n ymddangos, fodd bynnag, fod sawl merch yn Llundain wedi clywed am y bargeinion gwych i'w cael yn sefydliad newydd Mr Smith Williams, Windsor House, wedi hwylio i lawr i brynu llwyth awyren o'r eitemau. Syfrdanwyd y merched wrth y bargeinion nes iddynt anfon am long awyr arbennig i gario eu pryniant yn ôl i'r metropolis. P'un a ydych chi'n dod mewn awyrennau neu foduron neu mewn unrhyw fodd arall, bydd bargeinion ar gael i chi gan Mr Smith Williams bob amser!' Roedd siop ddillad Smith Williams newydd agor ddechrau Mai 1909.

Dychwelodd y goleuadau rhyfedd i Gymru ym 1913. Erbyn hyn, roedd nifer yn gyfarwydd ag arbrofion Willows yn ardal Caerdydd, ac roedd mwy o bryderon am fwriadau'r Almaen hefyd. Rhoddwyd gorchymyn gan y Llywodraeth i saethu at yr awyr longau os gwrthodent lanio'n syth. Ym 1913 cafwyd un o'r adroddiadau manylaf am y ffenomenon oherwydd mai'r llygad-dyst oedd Prif Gwnstabl Morgannwg, y Capten Lionel Lindsay. Yn y *Western Mail* ar 21 Ionawr 1913 adroddwyd: 'Wrth i dywyllwch ddisgyn dros Gaerdydd ar Ionawr 18fed, ymddangosodd awyrlong yn pasio dros Gaerdydd i gyfeiriad Abertawe. Allyrrodd ychydig o fwg du a oedd yn hongian allan mewn colofn hir y tu ôl.' Nododd y Capten Lindsay ei bod wedi teithio'n gyflymach na llong awyr Willows. Gwelwyd hyn gan lygad-dyst arall yng Nghaerdydd.

Bu cyfres o adroddiadau o ardal Sgeti yn Abertawe hefyd. Ar 18 Ionawr 1913 gwelodd Harold Gibbs a'i frawd yr awyr long pan oeddent ar eu ffordd i ddosbarthu bara. Clywodd Harold Gibbs sŵn corn yn dod o gyfeiriad Ffordd St Thomas. Fe welsant awyrlong yn sïo uwchben gyda'r llafn gwthio yn hwtian, a sain fel corn car; a theithiodd i gyfeiriad Sgeti.

Bu golygfa ddramatig arall yn ardal Sgeti ar 21 Ionawr, pan welodd Mr J. Bowen, ei frawd a chymdogion, olau llachar yn yr awyr; dechreuodd hercian, ac yna diffoddodd. Ailymddangosodd, ac yn ôl eu disgrifiad, roedd y golau yn fwy llachar na'r seren ddisgleiriaf yn y nen. Gwelwyd y golau eto yn Sgeti ar nos Sadwrn, 25 Ionawr.

Ar yr un nos Sadwrn gwelwyd yr hyn allai fod yr un awyrlong gan bobl yng Nghynghordy, sir Gaerfyrddin am 8.25 y nos. Gwelodd nifer o bentrefwyr yr awyrlong yn teithio tuag at Fae Ceredigion, ond roedd y goleuadau llachar o'r awyrlong yn ysgubo'r bryniau gan ddangos y môr i bwy bynnag oedd ynddi, ac o ganlyniad, ym marn y pentrefwyr, trodd yr awyrlong i ddiogelwch y de, a theithio i gyfeiriad de sir Gaerfyrddin.

Cafwyd adroddiad arall am awyrlong ar draeth Aberafan ar 2 Chwefror 1913, gan ddau blismon a nifer ar y traeth. I ddechrau fe glywson nhw beirianwaith yr awyrlong yn gweithio. Wrth i'r awyrlong deithio i gyfeiriad Abertawe anfonodd y ddau blismon neges at yr awdurdodau yn gofyn am gadw golwg allan amdani. Trwy fisoedd cynnar 1913 gwelwyd y goleuadau gan gannoedd o bobl yng Nghaerdydd, Abertawe, Llanhari a Ffynnon Taf.

Y cwestiwn mawr oedd beth oedd tu ôl i'r goleuadau anhygoel hyn, ac oedd yna esboniad gwyddonol neu naturiol? Rhoddwyd nifer o wahanol esboniadau am y goleuadau, ac un poblogaidd oedd mai profion cyfrinachol fin nos gan y Swyddfa Ryfel oeddynt. Cafwyd adroddiadau am rywbeth tebyg i hyn, sef goleuadau rhyfedd yn y nos, yn ystod rhyfel y Böer rhwng 1900 a 1903. Awgrymodd y *Cardiff Times* ym 1909 un eglurhad. 'Mae adroddiadau Böer yn ystod Rhyfel de Affrica yn cynnwys llawer o gyfeiriadau at ymddangosiad balŵns gyda goleuadau chwilio yn hwylio drwy'r tywyllwch dros y veldt. Yn Ladysmith hefyd roedd y trigolion dan warchae yn argyhoeddedig bod y llu goresgynnol yn cyflogi'r peiriannau hyn i wneud arsylwadau yn y nos, a bu torfeydd yn ymgynnull lawer gwaith i wylio eu cynnydd dros grib tywyll Bulwan. Gan nad oedd gan y Boëriaid unrhyw falŵns, a bod y rhai yn nwylo Prydain yn rhy werthfawr i gael crwydro ymhell, gorfodwyd arsylwyr i geisio esboniad arall o'r ffenomen nosweithiol hon. Yn fuan, darganfuwyd bod rhai sêr o faint yn agosáu at grib y bryn yn tryledu eu golau trwy blygiant yn yr atmosffer clir a chreu golau yn debyg i olau chwilio pwerus na all, wrth gwrs, symud trwy'r awyr heb gymorth. Yn unol â hynny, roedd y dychymyg yn cyflenwi'r balŵn.'

Esboniad yr *Abergavenny Chronicle* ym Mai 1909 oedd, 'mae'n ymddangos yn debygol iawn fod yr holl gyffro naill ai'n waith yr arbenigwr hysbysebu neu gellweiriwr ymarferol.' Dechreuodd y papurau ddiystyru'r adroddiadau yn hwyrach ym mis Mai, ac awgrymodd nifer eu bod o ganlyniad i gynllun hysbysebu clyfar a drefnwyd gan gwmni ceir modur. Daeth y *Cardiff Evening Express* o hyd i un tyst a welodd awyrlong tua 25 troedfedd o hyd yn hofran dros y mynyddoedd rhwng Pentyrch a Ffynnon Taf ac yn cario'r gair 'Bovril' mewn llythrennau mawr coch ar yr ochr.

Syniad arall oedd mai dyfeisiwr dirgel oedd yn gyfrifol am yr awyrlongau. Ar 6 Gorffennaf 1909, cyhoeddodd y *Daily News* fod y 'scareship' a ddychrynodd y wlad yn gynharach y flwyddyn honno yn realiti wedi'r cyfan. Dywed: 'Mewn parc preifat ychydig mwy nag awr o daith modur o Lundain, mae'n gorwedd yr hyn rydyn ni'n cael gwybod 'nawr yw'r llong awyr wych 'Ffantom' o lygaid llachar a pheiriannau chwyrlïo a darodd fraw i galonnau plismyn Peterborough a signalwyr trydan yn Ne Cymru lai nag ychydig fisoedd yn ôl.'

Y dyfeisiwr cudd oedd Dr M. B. Boyd, a ddywedodd wrth y papur ei fod 'wedi bod yn perffeithio dyfeisiau awyrlongau ers wyth mlynedd.' Honnwyd bod ei long awyr 120 troedfedd o hyd yn gallu cario 'digon o betrol i bara 1,400 o filltiroedd.' Dechreuodd Dr Boyd arbrofi gyda'i awyrlong ym mis Mawrth 1909, gan weithio yn y dirgel, a pharhaodd ei dreialon gyda'r nos drwy gydol Ebrill a Mai, pan ddechreuodd deithio pellteroedd maith. 'Ein llong awyr ni a welwyd gan y signalman yn Nociau Caerdydd.' Honnodd ei fod wedi hedfan i Iwerddon hefyd, ond yn fuan profwyd hyn yn gelwydd ac ni chlywyd mwy am yr honiad.

Hyd heddiw does dim eglurhad hollol addas ar gyfer beth yn union a welodd trigolion Cymru ym 1909 a 1913. Roedd datblygiadau technolegol y cyfnod wedi cyffroi pobl, roedd yna ofn am fwriadau'r Almaen yn ogystal â gwasg frwdfrydig a phoblogaidd oedd yn awyddus i ledaenu straeon a chyflyru disgwyliadau.

Cyhoeddwyd darn golygyddol meddylgar ym mhapur *Tarian y Gweithiwr* ar 27 Mai 1909, pan ysgrifennwyd, 'Oes yn dechrau edrych i fyny yw yr oes hon. Awyrlongau. Ein hanes hyd yn hyn oedd, ein bod yn edrych tuag i lawr, ond yn awr mae yn dechreu codi ei golygon tua'r sêr. Ac mae i'r maes ei gyfaredd yn ogystal â'i fwganod a'i feirniaid. Felly ydyw hanes pob maes newydd. Bu y meddylddrych o drên yn ddychryn i filoedd, a mae rhai yn fyw o hyd nad ydynt wedi magu digon o ymddiriedaeth ynddo i esgyn iddo am daith o filldir. Mae'r awyr longau hyn yn gyffelyb. Rhaid eu beirniadu, a hynny gan rai na wyddant fawr yn eu cylch, a phroffwydir pob afreoleidd-dra a drygioni iddynt. Y gwaethaf ynglŷn a hwy ar hyn o bryd yw, eu bod yn cael eu cysylltu a rhag ddarpariadau rhyfel rhwng Germani a'r wlad hon. Baldorddir gan rai fod yr awyr longau a geir uwchben Cymru a manau ereill yn perthyn i'r Germaniaid, a'u bod yn ceisio deall y wlad cyn dechreu gollwng tân. Fe welir yn gliriach yn fuan nad yw y fath awyr deithiau yn ddim mwy na llai nag ymgais dynion cywrain i berffeithio y gelfyddyd o awyr deithio.'

Darllen Pellach

Fort, C. *The Complete Books of Charles Fort* (Efrog Newydd: Dover Publications, 1974)

Gollin, A. M. 'England Is No Longer an Island: The Phantom Airship Scare of 1909', *Albion: A Quarterly Journal Concerned with British Studies*, cyf. 13, rhif 1 (1981), t. 43–57

Cysylltiadau Cymreig y Caribî

Rwy'n siŵr, pan fyddwch yn meddwl am ynysoedd y Caribî, mai dychmygu traethau euraidd, moroedd glas a thywydd braf y byddwch. Ond fyddai neb yn dychmygu bod gan ynys Barbados gysylltiadau Cymreig cryf, ei bod yn cynnwys un o ddirgelion rhyfeddaf y Caribî, ac mai Cymro roddodd y sylw cyntaf erioed i un o ffrwythau mwyaf poblogaidd amser brecwast tu allan i'r ynys.

Un o brif atyniadau'r ynys yw'r Welchman Hall Gully. Sefydlwyd planhigfa yno gan y Cadfridog William Asygell Williams, a dyma fan cychwyn ein stori am ddigwyddiadau rhyfedd yr ynys. Mae dwy stori ynglŷn â phresenoldeb Asygell Williams, oedd yn filwr (yn ôl traddodiad llafar) gyda chatrawd y Ffiwsilwyr Cymreig, ond oherwydd ei gefnogaeth annheyrngar i'r Brenhinwyr cipiwyd ef gan y Seneddwyr ar ôl colli yng ngwarchae Bryste ym 1645. Erbyn 1650, roedd wedi ei anfon, ynghyd â 2000 o garcharorion eraill, gan Oliver Cromwell i ynysoedd India'r Gorllewin. Yn y cyfnod yma cofnodwyd bod nifer o Gymry yn cyrraedd yr ynys, a nifer o gyfenwau cyfarwydd yn ymddangos yn nogfennau'r ynys. Anfonwyd llynges gan Cromwell i Farbados ym 1651 gan fod yr ynys yn parhau i fod yn deyrngar i'r brenin. Collodd Cromwell y frwydr, ac ym 1652 arwyddwyd cytundeb yn nhafarn 'Ye Mermaid's Inn' yn nhref Oistins. Efallai nad yw'n syndod darllen mai Cymro oedd yn rhedeg y dafarn pan lofnodwyd y cytundeb pwysig hwn.

Yn ei hastudiaeth o 'Hunaniaeth, Cofféu, a Theuluoedd o Fewn Cymunedau Trawsatlantig,' awgryma Katherine Cook fod Asygell Williams wedi sefydlu ei hun yn ardal Welchman's Gully erbyn 1638, ac erbyn 1679 roedd yn berchen 406 erw yno. Gerllaw datblygodd gyli yn llawn coed egsotig a pherllan.

Llwyddodd Williams i wneud yn dda iddo'i hun, ac ym 1660 adeiladodd gladdgell, a dyma ddechreuad y digwyddiadau rhyfedd. Ar ymyl cae cansen siwgr ar Vault Road lleolwyd claddgell y teulu Williams, man gorwedd wyth o'r teulu cyn y 1630au, sef cyn iddynt ymfudo i'r Unol Daleithiau. Mae'n parhau i fod yn un o'r enghreifftiau cynharaf o gladdgelloedd ar dir preifat ar ynys Barbados sy'n dal i sefyll hyd heddiw.

Yn y 18fed ganrif, priododd un o feibion y teulu Williams ferch o dras Gatholig Eidalaidd. Nid oedd ei deulu yn hapus gyda'r briodas oherwydd eu cefndir Anglicanaidd pybyr. Pan fu farw, gosodwyd arch y ferch yng nghladdgell y teulu yn y blanhigfa. Fodd bynnag, pan agorwyd y gladdgell y tro nesaf yr oedd yr holl eirch wedi symud, gydag arch y Cadfridog Williams yn sefyll yn unionsyth. Dychwelwyd yr eirch i'w lleoedd gwreiddiol, ond pan agorwyd y lle drachefn, roedd yr eirch wedi cael eu symud eto heb i neb o'r tu allan fod yn agos i'r gladdgell. Yna, tynnwyd arch y fenyw o'r gladdgell, ac ni fu unrhyw broblem wedi hynny. Nid oes esboniad ar y digwyddiadau rhyfedd yma hyd y dydd heddiw.

Roedd gan y teulu Williams gysylltiad hir â'r ardal, ond ym 1825 gwerthodd disgynnydd Thomas Williams yr eiddo o 177 erw gyda'r plasty, melin, tŷ berwi, ac yn ôl arfer torcalonnus y cyfnod, 67 o gaethweision, i William Grant Ellis am £19,500.

Yn sicr mae hanesion tebyg i'w cael am yr ynys yn llyfr E. G. Sinckler, *The Barbados Handbook* ym 1912, lle'r ysgrifennodd hanes tebyg am eirch symudol, ond yng nghladdgell Chase yn ardal Christ Church ar ran arall o'r ynys, ac efallai fod y ddwy stori yn perthyn i'w gilydd.

Cymro arall a adawodd ei farc ar yr ynys oedd Morgan Lewis. Dechreuodd blanhigfa siwgr tua 1674. Ar y blanhigfa adeiladwyd melin wynt ym 1727 sydd i'w gweld hyd heddiw ar yr ynys, gan gadw'r enw Cymreig.

Sefydlodd nifer o deuluoedd o Gymru blanigfeydd gan ddefnyddio llafur caled caethweision, ac ar fapiau cynnar yr ynys mae nifer o blanigfeydd a enwyd ar ôl y perchnogion a nifer o gyfenwau Cymreig yn amlwg iawn.

Yng ngerddi Welchman's Gully mae'r grawnffrwyth yn tyfu, a dyma'r ffrwyth y bu Cymro yn gyfrifol am ledaenu gwybodaeth amdano ymhell y tu allan i ynys Barbados. Cafwyd y cyfeiriad cyntaf at y grawnffrwyth ym 1750, pan gafodd ei ddisgrifio gan y Parch Griffith Hughes, oedd yn fotanegydd, fel ffrwyth 'gwaharddedig' Barbados. Disgrifiodd sbesimenau o Farbados yn ei lyfr *The Natural History of Barbados*. Fe'i crëwyd pan gafodd yr 'oren melys' a'r 'pomelo' eu bridio gyda'i gilydd ar ddamwain.

Naturiaethwr a chlerigwr o Gymru oedd Griffith Hughes a anwyd yn Nhywyn, sir Feirionnydd. Anfonwyd ef i Bennsylvania i arwain sawl cynulleidfa o Gymry Cymraeg, megis yn Radnor ac Evansburg. Addasodd ac ychwanegodd at lyfryn *Myfyrdodau Bucheddol ar y Pedwar Peth Diweddaf* gan John Morgan ym Mhennsylvania ym 1735. Torrodd ei ben-glin ac aeth i Farbados i wella. Bu'n hapus iawn yno, ac ym 1736 anfonwyd ef i wasanaethu Plwyf Sant Lucy ar yr ynys, lle manteisiodd ar y cyfle hefyd i astudio'r planhigion a'r bywyd gwyllt. Bu Hughes yn byw yno am ddeuddeng mlynedd, yn dyfnhau ei wybodaeth am fflora'r ynys. Ef oedd y cyntaf i ddisgrifio'r grawnffrwyth i bobl y tu allan i'r ynys, gan ei alw'n 'goeden ffrwythau gwaharddedig'.

Mae'n anodd credu, o feddwl am y llecyn hyfryd hwn, fod pobl wedi eu gorfodi i ddod yma mewn cadwynau i weithio'n ddiddiolch a heb hawliau. Heddiw wrth gwrs mae dros 500,000 yn tyrru i'r ynys braf hon o'u gwirfodd bob blwyddyn, heb sylweddoli o gwbl fod olion Cymreig i'w gweld yno.

Darllen Pellach

Cook, K. 'New World Memory: Identity, Commemoration and Family In Transatlantic Communities' (traethawd PhD, Prifysgol Efrog, 2015)

Cook, K. 'The Barbados monument collection', *The Monumental Archive Project* (ar-lein, 2016)

Hughes, G. *The Natural History of Barbados in 10 Books* (1750)

Sinckler, E. *The Barbados Handbook* (Ballantyne & Co Llundain, 1913)

Y Bwci a'r Esgob

Ym 1905 tyrrodd niferoedd i Lanbedr Pont Steffan i geisio gweld a chlywed digwyddiad rhyfedd iawn yn un o dai hynaf y dref, wedi clywed adroddiadau am wely yn symud ar ei ben ei hun, a sŵn cnocio drychiolaethol gan ysbryd swnllyd ar furiau tŷ yn y dref.

Tua Ionawr neu Chwefror 1905 y dechreuodd y digwyddiadau rhyfedd yn Bank House. Yno roedd Mr Howell, dyn o safon yn ôl y wasg, cyfreithiwr a chofrestrydd llys sirol Llanbedr Pont Steffan, clerc bwrdd pysgodfeydd Teifi, ei wraig, pedwar o feibion, y gweision a'r morwynion yn llenwi'r aelwyd. Canolwyd y digwyddiadau ar y mab Jack, llanc un ar ddeg oed. Bu gwraig y tŷ'n methu cysgu am gyfnod hir wedi clywed sgrafellu traed a synau eraill yng nghroglofft y tŷ, ac nid oedd y forwyn wedi cysgu'n dda ers tro.

Dywedodd Mr Howell ei fod yn eistedd yn hwyr un noson, a thua hanner nos, clywodd Jane, y forwyn, yn gweiddi. Eisteddai gyda Jack yn ei ystafell wely, oherwydd bod y ffliw arno. Eglurodd Jane ei bod wedi clywed rhywbeth yn curo ar y wal o'r ochr arall, ac aeth Mr Howell i'r llofft, gan feddwl i ddechrau mai llygod mawr oedden nhw. Chwarter awr yn ddiweddarach clywodd gnoc neu ddwy arall, a gwaeddodd ar y wal, 'Tyrd allan, gad i ni gael golwg arnat ti,' ond cyn dod at y gair olaf clywodd swn dychrynllyd ger y toiled. Y tro yma roedd y swn yn frawychus o uchel fel pe bai'r person am dorri'r drws i lawr. Roedd y swn yn aruthrol ond pan redodd yn syth i fyny, bu tawelwch.

Rhwng pedwar a phump o'r gloch y bore yr oedd dychryn arall. Aeth i fyny'r grisiau eto a gwelodd Jane yn dod allan o ystafell Jack yn crio fel plentyn. Aeth gyda hi i ystafell ei wraig a dweud wrthi am y digwyddiad. Aeth Mr a Mrs Howell, Jane a Hughie y mab i ystafell Jack. Clywent y cnocio yn glir. Symudon nhw Jack i'r feithrinfa drannoeth, ond fe ddilynodd y curo y bachgen. Dechreuodd Mr Howell gnocio ar y wal, rhoddodd un gnoc, a daeth un gnoc yn ôl, yna ugain, deg ar hugain a deugain, a chafodd yr un faint yn ôl bob tro. Dywedodd na allai'r rhain fod yn adlais oherwydd ni ddechreuai'r ateb nes iddo orffen cnocio bob tro. Er mwyn dal i brofi dechreuodd Mr Howell gnocio rhythm i gân gan

ddefnyddio ei figyrnau, a dychwelwyd y patrwm rhythm yn glir. Copïodd y caneuon, 'Say Au Revoir' a 'Bill Bailey'. Roedd y bechgyn wedi mwynhau hyn tra bod oedolyn gyda hwy.

Symudwyd Jack i gysgu gyda Mr Howell, a dyna pryd y bu datblygiad dramatig. Wrth i'r cnocio ddechrau, gwelodd wely ei fab yn symud a churo yn erbyn y wal. Cynyddodd cyflymder symudiad y gwely gan achosi cryn ofid i'r ddau. Cydiodd Mr Howell yn y gwely ac fe'i teimlodd yn symud o dan ei ddwylo. Clywodd y cymdogion y sŵn a cherddodd tuag ugain o bobl i mewn i'r ystafell yn ddirybudd o'r tu allan i weld beth oedd yn digwydd.

Penderfynwyd trefnu ymholiad i'r digwyddiadau. Galwyd ar Esgob Abertawe, y Parch Dr Lloyd, y Parch C. Harris, darlithydd diwinyddiaeth yng ngholeg Dewi Sant y dre, Mr Hartman, oedd yn artist, a Miss Mair, yr athrawes a gohebydd o'r *Evening Express* i fod yn bresennol yn ystod yr ymholiad. Roedd saith yn bresennol yn y tŷ. Aethant i'r ystafell wely lle'r oedd Jack yn gorwedd, ei ben yn unig i'w weld uwchben y blancedi. Cytunwyd y byddent yn gofyn cwestiwn, a gofyn am nifer penodedig o gnociau, e.e. 14 am 'Na' neu 16 am 'Ie'. Dechreuodd Jack gnocio ar y wal ond doedd dim ateb. Curodd Mr Hartman ond ni ddaeth ateb.

Awgrymodd yr artist efallai mai'r rheswm nad oedd ateb oedd oherwydd fod sgeptig yn y grŵp, a gofynnwyd i bawb adael. Yn fuan wedyn, rhedodd Hughie y mab i ddweud bod y cnocio wedi ailddechrau. Wrth i'r grŵp ddychwelyd gofynnwyd y cwestiynau eto ond doedd dim ateb. Y tro yma, awgrymodd Mr Hartman y byddai ef yn aros yn yr ystafell. Gadawodd pawb arall, ond arhosodd y newyddiadurwr y tu allan i'r drws i wrando ar yr artist yn gofyn cwestiynau. Clywodd un cwestiwn a ofynnodd yr artist i'r ysbryd, sef a oedd am gyfathrebu gyda'r Esgob, ac iddo gnocio ddwy ar bymtheg o weithiau os mai dyna ei ddymuniad. A dyna'r ateb a ddaeth.

Aeth yr Esgob i'r ystafell, a thrwy'r un dull bu'n cyfathrebu â'r 'ysbryd' neu'r 'bwci'. Ceisiai ddarganfod y rheswm tu ôl i bresenoldeb yr ysbryd yno. Gofynnwyd os mai arian oedd y rheswm, ac os felly i roi deuddeg curiad. Yna, daeth deuddeg curiad, er y credai'r Esgob iddo glywed tri ar ddeg. Trwy'r broses cafwyd atebion i'w cwestiynau, sef bod gŵr a gwraig wedi colli arian ac wedi'u llofruddio yn y tŷ er bod yr arian yn dal yno. Gofynnwyd wedyn ymhle yr oedd yr arian, ac atebwyd mai yn y simnai. Roedd yr ysbryd am i'r Esgob, Mr a Mrs Howell a Hughie y mab fod yn bresennol pan fyddai'r arian yn cael ei ddarganfod.

Dychwelodd gweddill y grŵp ond stopiodd y cnocio. Gofynnodd Mr Hartman a oedd yr ysbryd wedi blino. Clywyd tair cnoc i ddynodi blinder. Doedd dwylo Jack ddim i'w gweld o dan y blancedi.

Cofnododd y newyddiadurwr nodyn o amheuaeth am yr holl beth. Nid oeddynt wedi gweld y gwely'n ysgwyd na chlywed curo swnllyd ar y muriau. Nododd mai cyd-ddigwyddiad rhyfedd oedd ei fod yn rheidrwydd i Jack fod yn agos cyn y byddai unrhyw beth yn digwydd. Awgrymodd efallai y byddai'r dirgelwch yn darfod petai'r llanc yn y gwely cyffredin gyda'i frawd yng nghanol yr ystafell. Nododd ei bod yn beth rhyfedd fod y cnocio bob amser yn fwyaf amlwg pan oedd Jack yn gorwedd o dan y dillad ar ei ben ei hun. Wrth i'r hanes ddod yn gyhoeddus, tyrrodd cannoedd o bobl i'r dref i weld a cheisio clywed yr ysbryd.

Roedd y stori anhygoel hon yn adleisio digwyddiad tebyg ym mhentref Hongton ger Salisbury ym 1889. Yma hefyd clywyd cnocio ym mhresenoldeb merch naw mlwydd oed, Lydia Hewlett, oedd yn ferch i bregethwr Methodistaidd. Dilynai'r sŵn cnocio y ferch o gwmpas y bwthyn. Ond achos arall llawer mwy enwog yw'r un am y cnocio a glywyd gan y chwiorydd Fox yn Efrog Newydd o 1848 ymlaen, lle clywyd 'cnocio' gan ysbrydion yn y tŷ. Ym 1888 cyfaddefodd y chwiorydd eu bod wedi creu'r sŵn trwy gracio eu bysedd. I ychwanegu at yr hanes credai'r cymdogion fod llofruddiaeth wedi digwydd yn nhŷ'r chwiorydd Fox o'r blaen.

Nid oes eglurhad wedi bod am y cnocio yn Llanbedr. Efallai fod Jack wedi clywed sôn am y chwiorydd Fox neu Lydia Hewlett, ond tawodd y cnocio yn fuan wedyn. Y traddodiad lleol oedd mai hen ariandy oedd tŷ'r teulu Howell a bod rhai o hynafiaid Banc yr Eidion Du, y Jonesiaid o Flaen-nos yn sir Gaerfyrddin, wedi bod yn preswylio ynddo. Creaduriaid lled faterol oeddynt yn ôl traddodiad lleol, a chreaduriaid lled galed wrth grynhoi arian a thalu eu dyledion. Roedd gan ohebydd y *London Welshman* syniad gwreiddiol am sut i gael gwared ag ysbrydion Llanbed, a hynny trwy osod blwch casglu tuag at achos yr eglwys – pe gwelai ysbrydion y Jonesiaid hyn fe fyddent yn ffoi ar unwaith!

Darllen Pellach

Fort, C. *Lo!* (Efrog Newydd: Claude H. Kendall, 1931)